The
Chapel of
Kung-Tung:

An Education Legend
in the
Coastal Range of
Taiwan

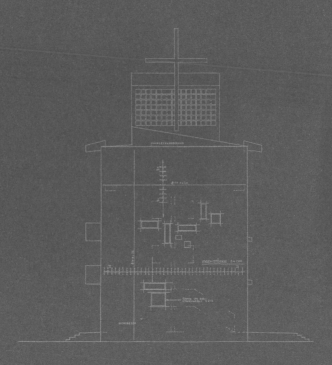

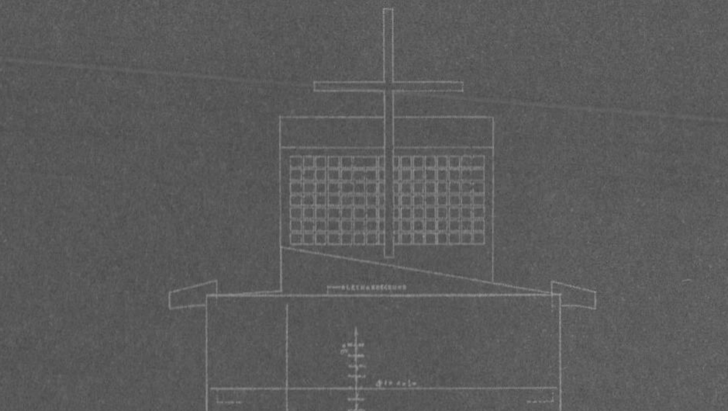

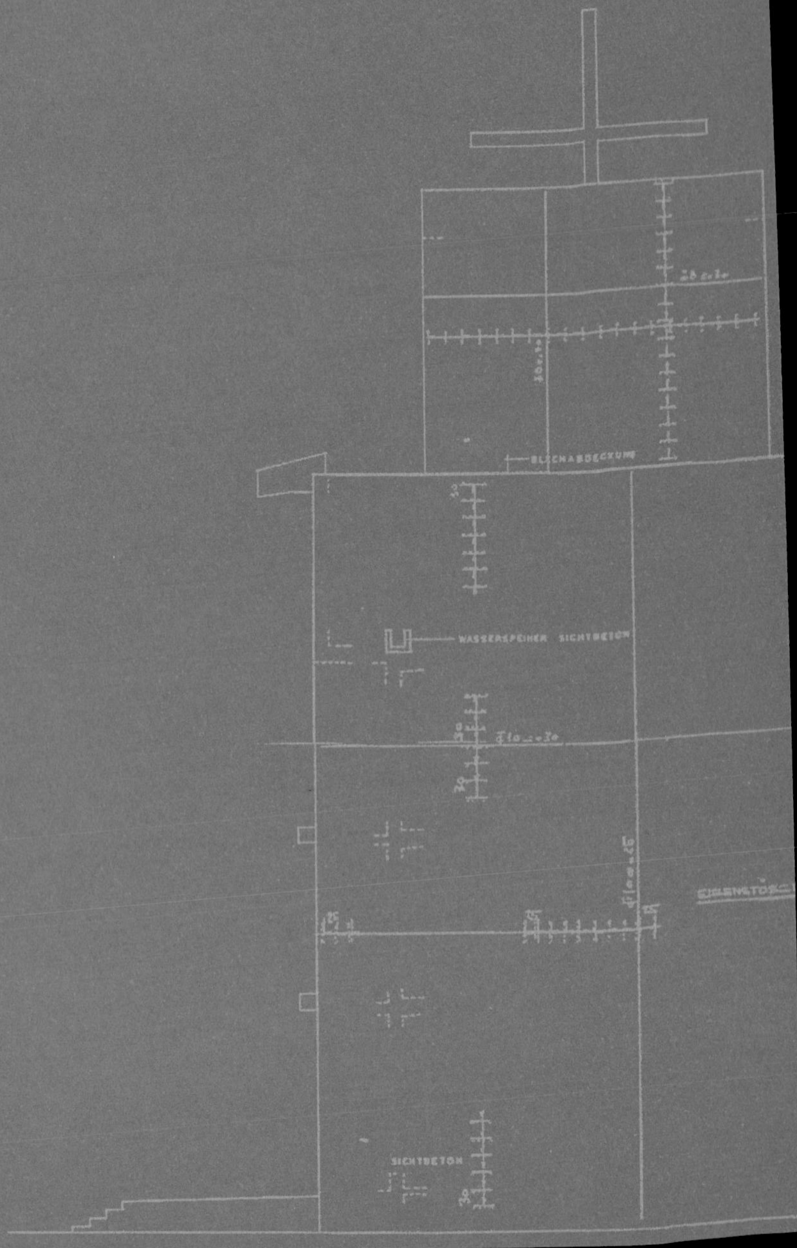

TAITUNG
FORMOSA

PL. NO. 2/3 NB
ZÜRICH, 17 JULI 58

WERKGEBÄUDE
MIT KAPELLE

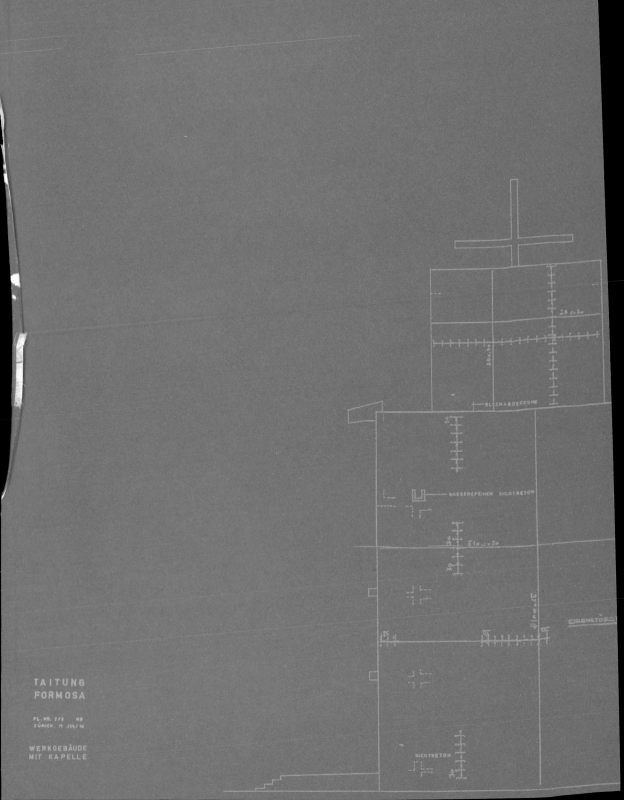

The Chapel of Kung-Tung:

An Education Legend in the Coastal Range of Taiwan

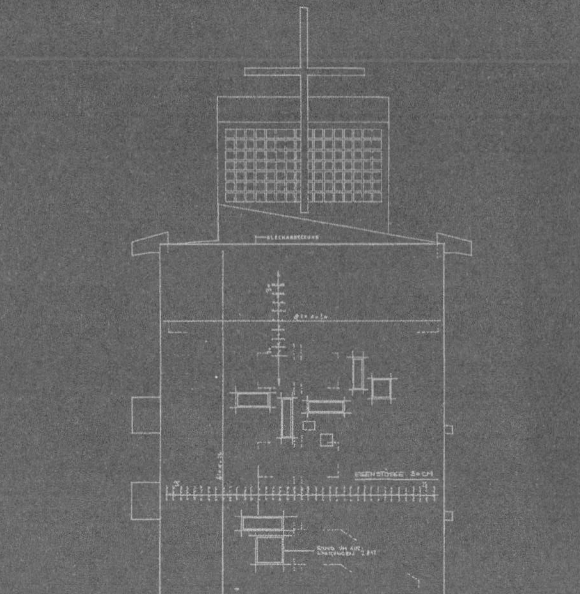

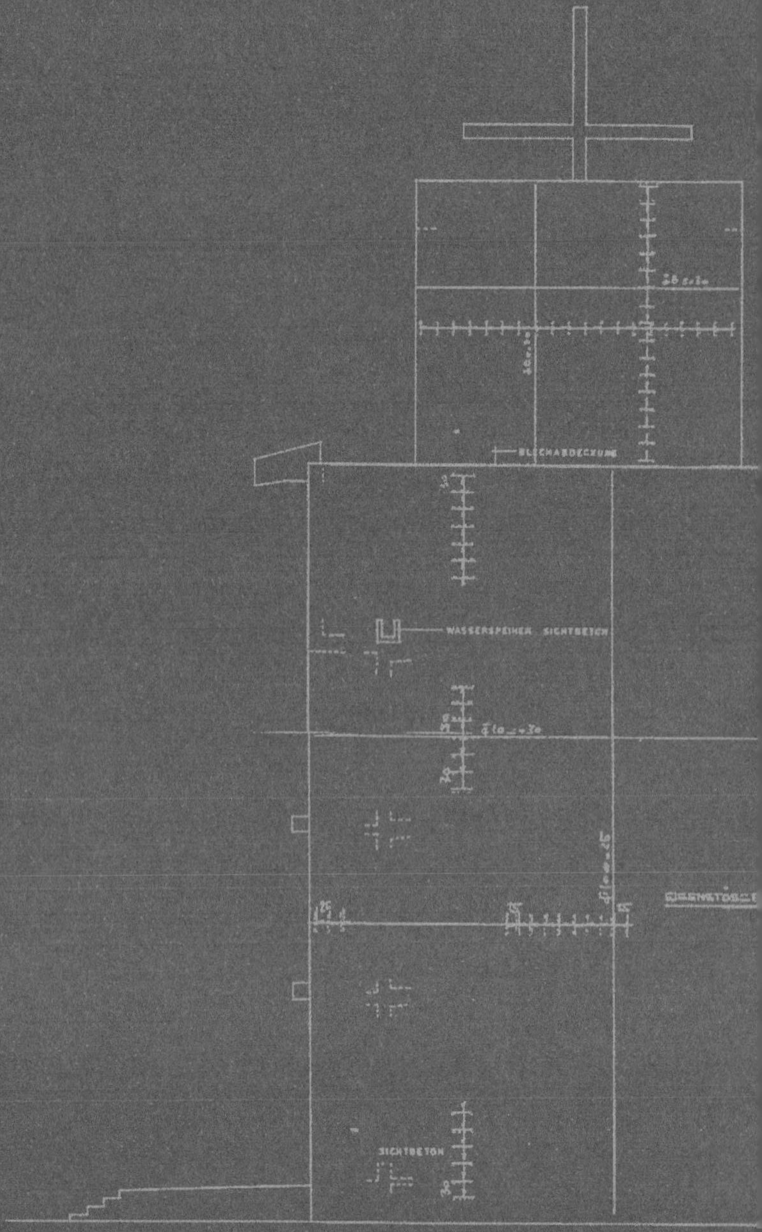

TAITUNG
FORMOSA

PL. NO. 2/5 HB
ZÜRICH, 17 JULI 58

WERKGEBÄUDE
MIT KAPELLE

公東的教堂

The Chapel of Kung-Tung:

An Education Legend in the Coastal Range of Taiwan

十周年熱銷紀念版

海岸山脈的一頁教育傳奇

范毅舜
Nicholas Fan

目錄／contents

第三章 公東的教堂 129

第四章 海岸山脈的瑞士人 199

十周年熱銷紀念版新版自序

上帝篩得很慢，但是篩得過程十分精細，鑽石和玻璃絕對不容混淆。

——羅馬史學家

二〇一三年初，囊括次年國內幾個重要好書獎的《公東的教堂》問世。半個世紀以來攜手創建公東高工，譜寫整個故事篇章的瑞士天主教白冷外方傳教修會的神父與修士，當時仍有七位健在。而今兩位碩果僅存，且都已步入了古稀之年。

二〇一四年一月十一日，六位白冷會神父及修士聯袂北上，陪我一道參加時報開卷好書獎的頒獎盛會。當主席宣布《公東的教堂》獲獎，現場所有來賓頓時起立，掌聲雷動般地向老修道人致敬。主持人邀請會長說幾句話，葛德神父手撫胸口，以清晰國語說：「謝謝你們接受我們當你們的朋友。」

猶記得拍寫《公東的教堂》初衷：二〇〇八年，我發表以白冷會士在東部服務為題的《海岸山脈的瑞士人》。次年，我應邀到法國由二十世紀建築泰斗科比意設計的拉圖雷特修道院創作；二〇一〇年底，我懷著許多理不清的構思與草稿返台，卻為了一本與之全然無關的攝影專書。到台東做新書發表會時，我初次見到這座位於公東校園內，由白冷會所興建的聖堂。我非常震撼家鄉後山有座原汁原味、奉科比意大師美學為圭臬的清水模建築。更訝異這座建築興建年代竟介於廊香教堂、拉圖雷特修道院之間，幾乎與歐洲同步。

為釐清無神論的科比意如何與天主教會結緣，及嘗試了解大師的創作理念，我在歐洲曾大費周章去尋訪科大師建築蹤跡，卻不知本鄉本土早有這麼一座鮮為人知的清水模複合式建築，除了慚愧，更發願寫本小書，喚醒大家珍惜保護這座久歷風霜，鋼筋已明顯外露，隨時都會被拆除的危樓。

在拉圖雷特所醞釀的文思與影像終於化為《山丘上的修道院》一書且發表後，我立時投入《公東的教堂》的拍寫，進一步了解公東高工的創立宗旨、特殊的日耳曼學徒教育體制，和學校建立者錫質平神父的故事。為採訪彼時仍健在的建築師達興登先生，在薛弘道修士安排下，我特地從美東飛到瑞士，不到五個月就完成了這本引起社會極大迴響的書，除了再度打響公東高工名號，更讓這座沉寂於校園內，頂端為教堂的複合式建築成為舉國皆知的景點。

令人扼腕的是，當這座建築因此書獲得大眾注目，大批讀者如朝聖般的前來參訪，且願意贊助重建資源時，水泥不斷剝落的建築卻遲遲沒有修復跡象。「主事者與大眾想的不一樣！」我也在挫折累累下轉從事其他的專題創作。

就在籌備本書再版時，文化部也通過了教堂的修復補助經費。然而公東高工因為少子化，生源不足，面臨更嚴重的危機。隨著達興登先生過世，白冷會士急速凋零，一個能因這座建築再度發光、發熱，重新展現白冷會利他精神的大好時機，就這麼錯過了！

雖然如此，這座建築所象徵的精神及相關動人故事卻永垂不朽。新的篇章，就以二〇二一年底，告老還鄉的葛德神父為例：葛神父於一九六三年、二十七歲時來到台灣，在台東偏鄉地區整整服務了五十八個年頭。當年他身手矯健的搭乘貨輪由歐洲來到台灣，二〇二一年十一月十六號這天，老神父在人群簇擁中坐著輪椅進入台東機場，準備轉機返回瑞士。台東縣各界為他在豐年機場舉行歡送會。當場，葛神父出乎意料的將歷年教友為慶賀他生日所打造的所有金項鍊、戒指，一件不留的全送給他的子民。當眾人再三推託，葛神父卻深情囑咐：「拿著吧！它們可以改善生活！」。

「你們會有寶藏在天上！」我想起基督的叮嚀。上帝篩得很慢，人世一切，沒有一件東西不會過去，但犧牲自己，服務他人的精神卻如鑽石般的永恆不朽。且藉著這本重新出版的小書向白冷會士，及那個永不復返的時代致敬，也希望所有與公東高工教堂有關的故事，能喚起大眾美好的記憶，並給我們的生活態度帶來一些靈感與啟發！

范毅舜

葛德神父與他的十字架

有關公東教堂的一切是從瑞士來的天主教白冷外方傳教修會開始的。

全盛時期，白冷會前後有四十七位修道人在東部服務，然而，就在本書付梓前，白冷會士已凋零至兩位。而曾在時報開卷好書獎代表白冷會士致詞的葛德神父也於2021年底告老還鄉，離開了這塊他曾服務了五十八年的土地。

每一位白冷會神父在當年領受鐸職時都會被當地鄉親致贈一個手工打造的十字架，鼓勵他們信守基督犧牲、服務、愛人的精神。葛德神父這由瑞士隨同他前來的十字架，就如同他一樣，歲暮衰頹。然而，從葛神父眸若清泉的雙眼中依能感到那介於人神之間對愛的堅持與渴求，深邃眼光呈現的是疲憊卻不是絕望。人世一切都會腐朽，還好我們仍擁有一座能保存那個時代人與事及不朽精神的教堂，讓那些具有奉獻精神的愛人故事繼續流傳。

僅藉著這張攝自東河天主堂的葛德神父影像，向曾在東部服務的白冷會士及那個永不重逢的時代致敬。

VI

一個代代傳頌的教育典範

公益平臺文化基金會董事長
嚴長壽

二〇〇七年是我重新規劃、轉換方向，決定放下觀光相關議題，走入完全公益人生的元年。也是那一年，我第一次陪著龍應台、殷允芃、胡德夫等一群同樣關懷臺灣這塊土地未來的文化友人，一起探索我的「花東元年」。那次的旅行讓我重新深入認識花東這個又親近又遙遠的地方、人、事、物，其中當然也包括了白冷會的故事。當時最讓我感動的故事之一是——在那物質精神相對匱乏的年代，當臺灣原住民普遍被踐踏、歧視的年代，一群來自海外的傳教士，努力地想用宗教安撫他們的心靈、用海外籌募的資金幫助他們改善生活，包括蓋學校、宿舍、醫院、啟智中心等，為原住民朋友找尋身體與心靈的寄託。

坦白說，當范毅舜所著的《海岸山脈的瑞士人》於二〇〇八年出版時，正是我先後出版《我所看見的未來》及《做自己與別人生命中的天使》最忙碌的一年，當時來自各地的演講邀約讓我未能在第一時間點閱讀到這本盡述宣教士們感人故事的好書，直到後來稍微沉澱過後才在無意中開始閱讀。一打開書，我便無法放下，因為書裡的許多描述，投射出我當時在花東的心情。於是，我主動與出版社聯絡，並邀

位處東部一隅的公東高工，昔日以工業技職教育著稱，這所學校的創辦人、校內複合式建築的教堂及教育理念，日後竟成為令人傳頌的海角傳奇。每個人都有段誰也無法取代的青春年華，公東學子除了忘不了實事求是的求學生涯，更訝異公東的精神竟影響了他們的一生。

圖為當年的公東學子於教堂頂端（彼時臺東最高建築物）的留影。（公東高工提供）

請毅舜在回臺灣的時候與我便餐深談。自此在我每次的演講與分享中，它便成了描述花東故事的重要話題，而我也成了推廣《海岸山脈的瑞士人》的義務代言人。

在所有動人的故事裡，白冷會在臺的創立人錫質平神父，也是臺東公東高工的創建者，樹立了值得令後人代代傳頌的典範。在苦思如何協助花東青年改變未來的命運中，錫神父深知唯有透過優勢教育才能徹底幫助一個人改變現況，也只有找到甚至可以超越臺灣西部技職教育一技之長的能力，這樣的教育「才能不為人所奪」。於是錫神父引進德語系行之有年的、類似臺灣早期技職學校的「二元教育系統」，以他瑞士家鄉的人脈及機械與工藝的優勢，人數最多時竟然發動了二十一位有專業證照的志工老師遠從德國、瑞士和奧地利來到臺東，從思考臺東當地學子適合發展的強項出發，帶來許多歐洲優秀的技術，教導孩子們水電、木工、機工等。在這樣的國際教育團隊的支援下，公東高工某些科系的實力甚至遠遠超越西部的技職學校，不但為青年學子在那個艱困的時代找到了自信與生存的關鍵技術，為孩子培養謀生能力、打造其未來的路，更是公東高工在當時扮演的歷史角色。也不算意外的是，自那個時代起，公東高工參加國際技能競賽屢獲金牌，甚至經過時間的考驗，在當今多數學校面臨科系和學生人數日漸減少的情況下，公東高工依然歷久不衰，甚至已停科十年的公東家具木工科，在今年獲教育部特准復招！申請就讀的學生數遠遠超過預期。

近年我的基金會也和公東高工有許多密切的接觸。我們邀請擅長運用複合媒材、將拾獲的物品當成創作主要元素的藝術家夫婦許偉斌與曹世妹老師、阿美族漂流木藝術家拉黑子，為公東學生舉辦木工營，比如，改造臺中Hotel ONE淘汰掉的餐椅；學生驚人的創造力，賦予了廢棄家具新的生命。像這樣啟發偏鄉孩子的天賦、讓他們從擅長的事物裡找到自信、建立謀生的能力，是我這幾年投入最深的事。近一甲子之前，在那個民生貧瘠時代的偏鄉，年輕人唯有離鄉背井才能改變現況，瑞士來的神父們為孩子培養技藝，找到離家生存的路。隨著時間挪移，曾幾何時花東成為臺灣最後一塊淨土，在這個自然、生態、原住民文化豐富的地方，許多的年輕人卻盡離家鄉，於是，基金會努力耕耘的，反而是為離家遊子「保留一條回家的路」，看似違背卻和神父為孩子搭建自信與生存的路，是為殊途同歸啊。

更讓人讚歎的是毅舜這本大作《公東的教堂》的主角，過去幾年來，不管是藝術家朋友、社會名流或總統夫人，在我的引介下參觀了我心目中花東建築歷史最精華一頁的「私密景點」——公東教堂。每次的拜訪，我都駐足許久，抱著最虔誠的敬意緬懷這些海外神父與志工們的遠見、格局與愛心。承蒙公東藍校長慷慨，讓我們得以盡情一覽這座具備科比意美學建築的全貌。每次在教堂裡，想起這些來自瑞士的宗教家，以他們幾十年的年輕歲月，對那個時代的花東用心珍惜，以超乎常人的身體力行照顧著偏鄉的居民，由衷感佩懷念。毅舜以其質樸中有調皮的細膩筆法、對神父們穿越時空的深遠感情，找不到第二個更適當的人描繪其美麗的故事，那些神父小小卻令人迴盪久久、久久的故事。衷心祝福！

（本文為二〇一三年出版推薦序）

推薦序

公東教堂的傳奇

實踐大學建築設計學系副教授
李清志

公東教堂不僅在臺灣建築歷史上是個傳奇，在教育史上也是個傳奇，這個傳奇故事在范毅舜的書寫下得以被挖掘出來，在他絕美的攝影作品中得以展現光彩。

公東教堂是一顆被遺忘在東部的建築珍寶，這座建築在臺東戰後的復興過程中，顯得如此的前衛又陌生，好像是一群外星球來的白色天使在落後的東部，興建起的科幻基地一般。事實上，公東教堂過去在臺灣的建築歷史研究中，也是被忽略或是遺忘的，因為所有的建築史研究，通常專注在主流的建築上，從日治時期的官方建築，一直到國民政府時期主流建築師的作品，總是與政治體系脫離不了關係。

教會團體的建築，又是在遙遠偏僻的東部，根本不是人們注意的焦點，因此過去公東教堂會被建築研究忽略，是理所當然的。不過教會團體的建築，有著自己的建築哲學理念，並且是教會團體自行資助，所以教會建築通常在建築史上是個異數，不過也就是因為是個異數，反而具備了某種奇特的價值。

在臺灣建築史上，淡水的「馬偕建築」可說是類似的教會建築系統。研究這些教會建築，讓我們不得不敬佩這些遠道而來的宣教士們，不論是長老教會的牧師們，亦或是白冷會的修士們，他們不僅滿懷著基督福音的愛與熱誠，通常也都具備優秀的人文素養與各種技藝，來到臺灣時，一方面帶來福音信仰；一方面也帶來各種先進醫學或建築、音樂等藝術文化。

以淡江中學的八角塔為例，設計者羅虔益宣教士，本身就有數理與建築的背景，他的建築可說是馬偕建築的代表性作品，強調基督教建築的本土化，因此雖然是西方教會建築，但是也融入許多臺灣傳統建築的元素，大量採用本地建材與工匠，創造出一種獨特的建築形式。

白冷會系統的公東教堂與馬偕建築的建築理念明顯不同，錫質平神父的角色有點像是當年堅持讓科比意設計拉圖雷特修道院的艾倫神父，是公東教堂建造設計的關鍵人物，艾倫神父將現代主義建築系統引進天主教，而錫質平神父則是將現代主義的教堂帶到臺東。

公東教堂之所以讓人矚目，是因為這座建築與一般我們所熟悉的現代建築不同，過去臺灣的現代建築多是延續密斯（Mies van der Rohe）的美國現代建築系統，鮮少出現類似科比意粗獷主義的清水混凝土作品，國內會喜歡清水混凝土建築，也是這些年受到日本建築師安藤忠雄的影響。但是公東教堂的設計更接近科比意建築的原汁原味，這似乎是與白冷會的修士性格有關，因為天主教會雖然到遙遠的東部宣教，服務偏遠鄉間的民眾，但是在內在心靈上，他們的修士還是具有強烈的修道性格，重視避世內省的個人靈修，所以公東教堂具有某種純粹性，強調的是人與神相會的空間，而不是迎合大眾的口味與需求。

我認為范毅舜也具有某種修士性格，雖然他總是與大眾接觸，並且善於與人聊天溝通，他的內在卻有種期待獨處安靜的性格，在孤獨中用藝術的眼光去觀察世界，所以他可以發掘出這座隱藏在東部的建築珍寶。作為臺灣建築的研究者之一，我們必須感謝范毅舜，幫我們發現公東教堂的價值！

從那些發黃的照片中，我們才有機會窺見這地處偏僻東部一角的建築，在當年是何等的前衛與醒目，有如耀眼明星。這棟實習工廠於其內的大樓，不但曾是臺東的驕傲，更曾為處於貧困線下的東部帶來了希望與生機。彼時沒人在乎誰是科比意，混漿混凝土的清水模建築風格又是什麼。當臺灣從貧困走向富裕、有能力欣賞世界頂級建築時，才驚覺隱密在海岸山脈一隅的老邁建築竟是同時期的建築珍寶，一如剪不斷、理還亂的歷史，我們只能從古早的照片中，遙想它曾有的風華及蘊含的臺灣記憶。時光無法倒流，但這座建築歷經一甲子歲月後，時至今日依然釋放著教人感動與感傷的懾人能量。（公東高工提供）

推薦序

有光有愛，幸福永在

臺東縣縣長
饒慶鈴

每回身處實際上的黑暗，或是心情的低潮時，我總會想起幼時聽過的一個故事：有一個國王想試驗他三個兒子誰最優秀，於是給了他們相同的一筆錢，要求三人想辦法去買一樣可以「裝滿」一個大房間的東西回來。

第一個王子跑去買了一大堆甘蔗葉，只勉強將房間裝滿了一半；第二個王子買了一些更便宜的稻草，卻也不過裝了三分之二；小王子最後才回來，而且看似身無一物，其實是在路上遇到一個賣蠟燭的孤兒，他心生憐憫，於是把大部分的錢都給了對方，只拿回了幾根小蠟燭。

但是當他點燃一根小蠟燭後，發出來的光芒，馬上就照亮了整個屋子。

建於一九五八年的公東教堂，是天主教白冷會錫質平神父所興辦的學校——公東高工的附設小堂，由瑞士籍建築師達興登設計，一九六〇年落成啟用。

有關於這座清水模外觀，質樸內在的教堂，規模如何與知名的拉圖雷特修道院類似，又為何因近乎科比意的設計，而被譽為「臺灣的廊香教堂」的種種內情，在我稱為「小五」的本書作者范毅舜先生的筆下和鏡頭中，有著詳盡的描寫與令人讚歎的影像呈現，大家當可在詳閱之後，了解到為什麼於二〇一三年初甫一出版後，便吸引海內外無數人慕名而來參觀，至今聲名不墜，成為我們臺東最美麗的傳奇建築之一。

為此我深深感謝小五，一如感謝白冷會對於臺東的奉獻。

而現在捧著時報文化新版的《公東的教堂》，再對應我每次靜坐於這座教堂內，感受陽光透過彩色玻璃所流轉出的琉璃光影時，總是會讓我回想起那以一根蠟燭之光，便點亮整個黑暗房間的王子。

一棟棟美好的建築，或許能讓一座城市變大，但是唯有白冷會這份跨越國界和族群的愛，以及展現小五純摯心意的書寫和攝影，才能像穿越進教堂的陽光一樣，深深撼動了您我的心，讓我們都深愛的臺東，變得幸福而偉大。

推薦序

恩人日已遠，典型在夙昔

公東高工校長
黃淑英

《公東的教堂》，在二〇一三年為大家必讀的一本書。當年不僅造成很大的風潮，也感動許多人到公東朝聖。透過網路預約，由公東的老師們導覽接待，聽到錫神父的故事豐富了臺東之行。感謝時報文化重新出版這本感人大作，相信必能再次觸動人心。

拜讀完范毅舜的新作後，除了深刻體會書中每一章節每一則小故事裡的真誠動人外，也將個人的思緒帶回了六十年前，心想這群瑞士人，為何放下自己最親愛的家人與最依戀的家鄉，不懼危險遠渡重洋來到當時臺灣最貧窮的後山——臺東，為一群毫無關係的陌生人服務，為什麼？只因他們是傳教士？只因他們服膺天主的召喚或長上的派遣嗎？換成你我是不是也有這樣的胸襟與無私的愛呢？讀完這本書讓我得以初見這群白冷外方傳教會士，能在當時困頓貧落的環境中仍勇往直前地為身邊最小兄弟服務的大愛情懷。

公東教堂的美，是美在一群跟我們及這塊土地沒有一點關係的會士們，他們用生命、傾一生的愛孕育了它，沒有這樣的愛，公東的教堂只不過是一棟灰冷且生硬的建築、一件人文藝術家眼中的佳美建築藝術罷了。然而從絡繹不絕的訪客眼中所看到的，卻是心靈飽滿的幸福與充實感。

謝謝范毅舜以細膩的心、鍥而不捨的精神追尋，將這具有生命及大愛的教堂，再現應有的光采，亦讓公東高工全體師生再次沐浴在恩人們愛的春風中，恩人的典型更深植在公東的人心中，淑英將以更堅定的心與全體師生，攜手共創公東高工新的一甲年歲。

三毛說：讀書多了，容顏自然改變……一本充滿感恩、追懷恩人的書更能洗滌現世混濁的人心，這本書值得推薦給公東高工全體師生，更誠心推薦給愛公東高工、愛臺東及愛臺灣的朋友們。

寫在書前

我原本想把《公東的教堂》寫成輕鬆小品，在資料蒐集中，卻愈變愈龐大，甚至還去了趟瑞士。感恩的是，書寫文字時，除了未讓我絞盡腦汁，還讓我心靈受到洗滌、得以滋長。

我極少在書前頭感謝協助的人，怕書的成績有負他們期許，這回卻言謝在先，若沒有他們支持，不可能有這本書。身為攝影師，感激書中所有知名及不知名的影像拍攝與提供者，尤其是白冷會的薛弘道、林至柔修士，若沒有他們慷慨提供影像，故事內容，無圖為證、力有未逮。

感謝公東高工提供文獻資料，使公東故事更發人深省。

好友嚴建勛，是內文第一位讀者，建勛雖未提供建議，但每回專注聆聽，已助我釐清思緒，增添信心，有友若此，夫復何求？

更感謝提供錫質平神父信件的黃嘉得和被我採訪過的所有公東老師、校友及相關人士，尤其是錫神父的祕書徐培基先生，以及與錫神父共事多年的曹經五蒙席，他們的分享，讓我對錫神父有更多認識，至於劉德仁先生及妻子杜桂月大姊，更得記上一筆，他們與我訴說錫神父帶劉先生尋母的故事，是這書最初的書寫動力。

感謝在臺、已故及依然健在的白冷會士，二〇一三年是他們在臺東服務整整六十年的大日子。過往一甲子，白冷會前後有四十六位會士，到今日（二〇一八年十二月）只有四位仍在臺東服務，僅以這本不能與他們奉獻相比的小書，獻上最大的敬意與謝意。

謝謝「本事」同仁，在出版如此困難的今日，仍容我恣意發揮，成就創作樂趣。更謝謝彰化靜山修院的馬志鴻神父，每當身陷瓶頸，信心動搖，夜半熱線於他，總能恢復內心平靜。

書寫此書，有若答覆莫名召喚，萬變時代，能如此專一，殊勝感恩。

識於 二〇一二

舊版序

臺東對我曾像外國一樣的遙遠。我對歐洲歷史人文遺跡的涉獵可能比臺東的自然山川還多，不只是我，我有好幾位在國外拿到高學位、通曉世界局勢、事業有成的朋友，迄今仍未來過臺東。對他們而言，後山臺東比太平洋對面的美國還要遙遠陌生。

說來慚愧，我對臺東甚至東海岸的認識大多是從那來自瑞士、已在臺灣服務半世紀以上的天主教白冷會士。我曾在二〇〇八年盛夏出版的《海岸山脈的瑞士人》書中提及，在酷愛登山，創立向陽登山社的歐思定修士帶領下，我知道臺東何處可觀星、泡野溪溫泉、賞梅，甚至觀看飛機起降的最佳地點。至於修士每天都要去游個兩回，緊臨太平洋濱的人工湖，由於面積廣大，早被我們戲稱為「國王的泳池」。

白冷會士足跡遍及整個東海岸，過去半世紀，他們在這一百七十公里的海岸線上興建教堂、醫院、啟智中心，甚至辦學。除了長眠於此，幾位碩果僅存的老人，當年到臺灣時大多是三十左右的小夥子，今日都已成為會說流利國語、閩南語甚至精通阿美族語、布農族語的歐吉桑。

過去近四分之一世紀，我去到許多地方，足跡遍及歐陸，更長期定居在新大陸東岸。然而在東海岸服務的白冷會士就是在身後也大多不願返回故里，而選擇長眠在這一處他們深愛的土地上，兩相比照實在諷刺。

從白冷會士身上，讓我有機會重新思考人生價值。

成功的定義是什麼？是要功成名就？還是要有很多錢？我們的歐修士迄今所睡的床鋪仍是

四十多年前的古董，他那兩坪不到，夏天會熱死人，沒有冷氣的小房間裡，仍有一個可以送進博物館、風行六〇年代的「達新牌塑膠衣櫥」，至於葛德神父冬天禦寒的外套可能比愛美女孩的名牌包還少。然而他們卻生活得充實而自在，尤其是星期日要跑好幾個地方做彌撒，已有八十四高齡的魏主安神父，我常擔心，萬一有天他「蒙主恩召」，視他如親的教友怎受得了？

我本以為幾年前那本《海岸山脈的瑞士人》雖只有卷一的三篇文章，卻已將這緣分表露殆盡，無以為繼。為此，我從不喜歡將深愛的人事物公諸於世，總覺得發表後，這濃厚情感將不再屬於我，此外，被我描述的人可能根本不認同我的想法，徒增尷尬。然而這回我又來書寫製作一本有關他們的書，除了是這些故事很美，另一個鼓勵我往前的動機，是這些故事讓我有機會以另一個角度回顧自己的成長與所在乎的終極價值。

人生有很多出乎意料的奇緣。

《海岸山脈的瑞士人》由於卷二寫了太多個人隱私與掙扎，竟覺得這樣的人生已到瓶頸，為此，我想就此根留新大陸，放棄藝術追尋，找個穩定工作不再遷徙。

二〇一〇年臺東縣將我的書選為「一城一書」，縣政府承辦人員透過出版社聯繫，多次邀我返臺演講，我始終不為所動（不是大牌，實在很怕立下的決心再受動搖），由於有一本早約定好的書得交稿，我最後將兩事合一，只想快去快回。

恰巧在那次短暫相會中意外得知，臺東有座興建於半世紀前的美麗教堂，且就位於白冷會當年創建的公東高工校園裡。

這座建築和它背後故事，攪皺一池春水般地再度動搖了我的決心，又一次將我帶往另一個未知，卻也造就出了這本從不在計畫中的書。

前言

在來到公東高工前，我有本遲遲無法完成的著作《山丘上的修道院》，這是一本有關歐陸建築泰斗——科比意上世紀在法國所設計的一處修道院。為了解科氏的風格，我拜訪了幾處不易抵達的知名建築，其中一座就是為他贏得空前盛譽的廊香教堂。

然而來到公東，竟看到一座如假包換、科比意式的清水模建築。

這座四層樓高的建築在「九二一」與「三三一」兩次地震後，被視作危樓般地差點被拆除，然而，已呈疲態的建築因其前衛造型及原創設計，依舊散發出懾人風采。

自小習畫，大學如願進入美術系，畢業前夕又從繪畫轉入攝影，而後又因工作、數度前往歐陸採訪報導歷史人文遺跡，能與科比意邂逅正是這因緣際會。

當我傾注心力、像偵探般地尋訪科比意所設計的修道院時，卻不知家鄉竟有座同樣風格的建築。更教人吃驚的是，其興建年代幾乎是與西歐同類型建築同步的一九六〇年。

在得知這座建築是臺灣戰後第一座現代建築，更有「臺灣廊香教堂」美譽後，我不禁感嘆，自小所受的「藝術教育」真的有問題。「君自故鄉來，應知故鄉事」。我曾不計一切，探訪西方著名經典建築，卻不知遠在天邊、近在眼前的故鄉就有一座相同且水準不低的建築，這真教我難堪。一個地區的文化水平並非在於

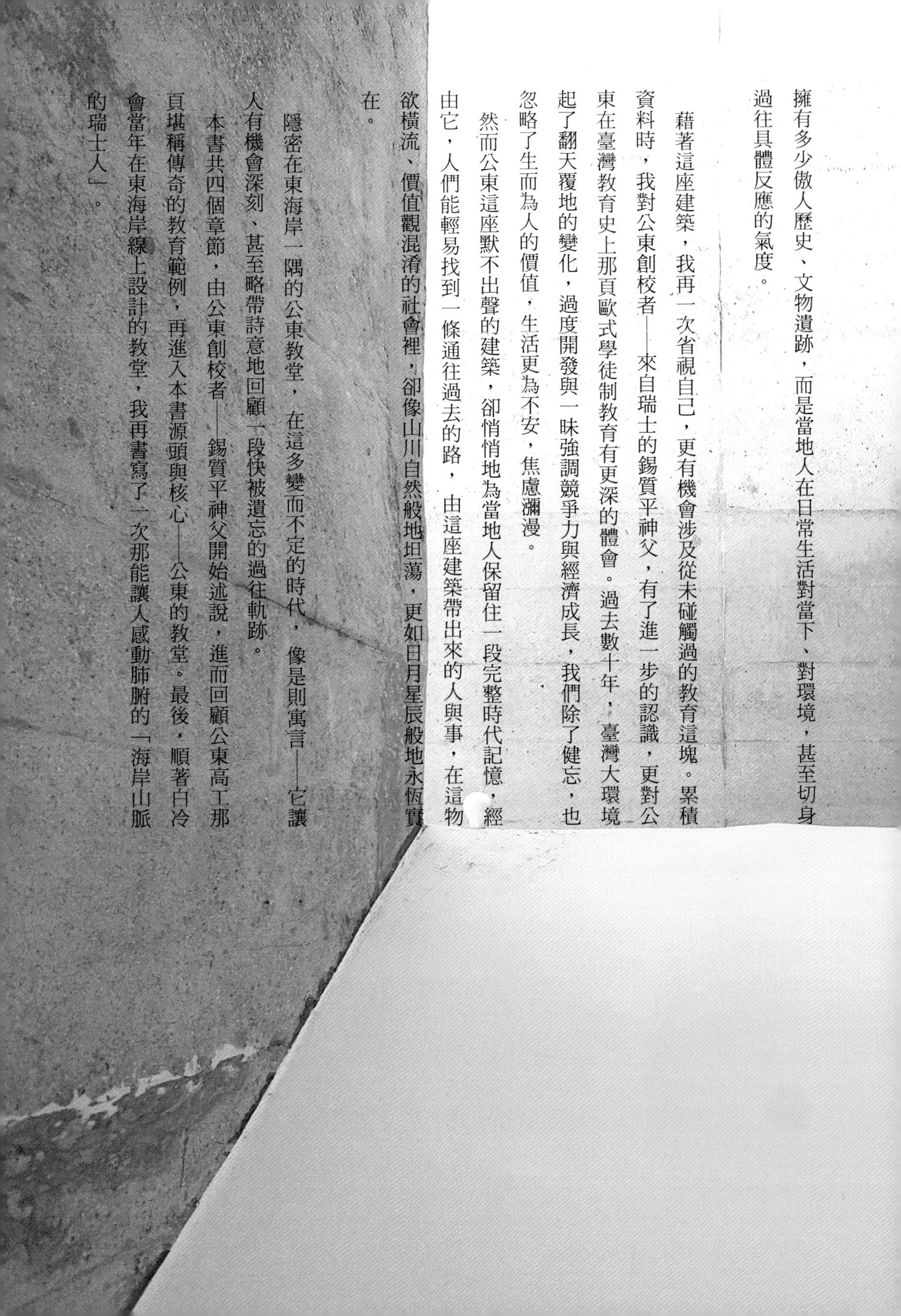

擁有多少傲人歷史、文物遺跡，而是當地人在日常生活對當下、對環境，甚至切身過往具體反應的氣度。

藉著這座建築，我再一次省視自己，更有機會涉及從未碰觸過的教育這塊。累積資料時，我對公東創校者——來自瑞士的錫質平神父，有了進一步的認識，更對公東在臺灣教育史上那頁歐式學徒制教育有更深的體會。過去數十年，臺灣大環境起了翻天覆地的變化，過度開發與一味強調競爭力與經濟成長，我們除了健忘，也忽略了生而為人的價值，生活更為不安，焦慮瀰漫。

然而公東這座默不出聲的建築，卻悄悄地為當地人保留住一段完整時代記憶，經由它，人們能輕易找到一條通往過去的路，由這座建築帶出來的人與事，在這物欲橫流、價值觀混淆的社會裡，卻像山川自然般地坦蕩，更如日月星辰般地永恆實在。

隱密在東海岸一隅的公東教堂，在這多變而不定的時代，像是則寓言——它讓人有機會深刻、甚至略帶詩意地回顧一段快被遺忘的過往軌跡。

本書共四個章節，由公東創校者——錫質平神父開始述說，進而回顧公東高工那頁堪稱傳奇的教育範例，再進入本書源頭與核心——公東的教堂。最後，順著白冷會當年在東海岸線上設計的教堂，我再書寫了一次那能讓人感動肺腑的「海岸山脈的瑞士人」。

而為了對公東教堂建築源起有進一步了解，我更出乎意料地遠赴瑞士，最後還在白冷會的瑞士總院落腳，對這與東海岸有深刻交會的宗教團體有進一步的認識，這段也不在計畫中的因緣成為本書尾聲。

期望這本書能激發你一些生命能量，更期望你抽空到東海岸來，我相信翠綠的海岸山脈，和碧藍的太平洋應能陶冶你的性靈。至於沿途極富特色的教堂和幾位碩果僅存或長眠於此的修道人和他們的故事，定能撫慰你的心靈，帶給你另類生命靈感。

偏遠的臺東是臺灣的後山，然而婆娑之島的第一道陽光卻由這裡升起。後山，甚至整個臺灣仍有許多有待發掘與整理的寶藏，不過那就要等你來實現了。

公東教堂外觀階梯一景。
（薛弘道修士的背影。在東部奉獻大半生的他於2022年1月6號在瑞士過世）

chapter 1

異鄉來的撒種人

錫質平神父

「上帝篩得很慢，但是篩選的過程十分精細，鑽石和玻璃絕對不容混淆。」

羅馬史學家

嚴寒冬夜，我與歐修士在臺東的會院裡閒聊。

「很多建築學子慕名前來參觀白冷會當年興建的教堂，出乎意料的，他們最喜歡的竟是公東高工裡的那座聖堂！」

「這有什麼稀奇？那不也是傅修士設計的嗎？」我不以為意的回答。

「當然不是！」歐修士睜大雙眼說。

「那是另一位專業建築師設計興建的，教堂落成時，我和傅修士都還沒到臺灣呢！」

歐修士在臺灣都有半世紀了，原來這其中還有很多有待挖掘的故事。

數年前，我曾以修士所屬的天主教「白冷會」寫了本《海岸山脈的瑞士人》，卷頭那一封白冷會士的家書，不知賺了多少人眼淚，然而我卻不知被我寫過一回的白冷會竟還有這麼一座教堂?!

第二天一早，我騎著修士的腳踏車前往公東，道路兩旁的景象與我三十年前初到臺東時差不多。臺灣幾十年來傲視全球的經濟奇蹟，除了讓人難以累積共同記憶，我更憂心，依山面海、有著瑰麗風景的海岸線，有天會不會整個被葬送在以繁榮

公東的教堂

公東的教堂是座複合式建築，這座1958年開始興建的大樓，是臺灣戰後第二座現代建築，更是當年臺東最高建築物，幾近危樓的建築，是一個時代的見證，更是同時期建築的傑出代表。（公東高工提供）

經濟為指標的社會風氣裡？不同於本地人，我有時竟為這城市發展緩慢感到慶幸。

假期中的公東校園空曠寂寥，印象中，這曾是一所聞名全國的工業職業學校，許多締造臺灣家具業一片天空的大老，當年大多畢業自隱蔽在這東部一隅的公東高工。彼時，公東學子還未畢業就已有工作在校外等待，業者都知道，這所由瑞士傳教士建立的學校，當年的訓練是何等嚴格與扎實。

走到聖堂大樓，完全不敢置信，眼前這座建築竟是一座深受國人喜愛的現代清水模建築，慚愧的是，我曾在這建築風格祖師爺——科比意——所設計的拉圖雷特修道院任駐院藝術家，期間我更不畏艱難，舟車勞頓，日夜兼程地前往法國西陲，去到那幾乎是現代建築經典同義字的廊香教堂參觀。當我慶幸能在

公東高工

隱密在後山一隅的職業學校，是昔日臺灣家具業的搖籃，這所由瑞士神父創立的學校，在沒有太多奧援下，竟是臺灣當年最好的職業學校之一。公東高工強調技藝，務實訓練，為士大夫氣息濃厚的臺灣教育，締造了一頁近似清流的傳奇。（公東高工提供）

公東教堂成立紀念

1960年，在臺東成立的公東高工，校名取自羅馬公教會之「公」及臺東地名。

1961年，公東高工第一座建築物完成，這座包括有教室、寢室及教堂的大樓，為歐陸名家設計。落成紀念照片中的人物多已作古，其中有于斌樞機、創立公東的白冷會神父、聖十字架會修女和中外教職員，獨不見創辦人錫質平神父，這位神父生前，只要有公開露臉場合，大多隱身幕後，不願出現。

依然屹立在地表上的「公東的教堂」，半世紀後，意外地為我們保留了流失的記憶和隱藏於其後的動人故事。（公東高工提供）

大師的建築裡盡情遨遊，逐光獵影時，竟全然不知自己成長的地方，早有座以同樣手法與風格興建的建築。

站在灰白、老態龍鍾的建築物下，內心澎湃不已，身處資訊發達的時代，我竟對這座美麗的建築一無所知……

我想起這所學校的創辦人，一九五二年就來到臺東的錫質平神父，他應是條能領我一探究竟的線索。

來自天邊的錫質平神父

從歐修士的描述中，

我猜想自己會害怕與這位以嚴格紀律著稱的神父成為朋友。

摘自《海岸山脈的瑞士人》第二十八頁

多年前在寫《海岸山脈的瑞士人》有關錫神父事蹟時，我曾如此描述對他的觀感。然而所有曾與這位公東高工創辦神父共事或受教的學子，迄今仍對這位有

青年錫質平

我們無法得知錫神父這張照片攝自何年，但可確定應是他三十歲以前在瑞士的留影。大多數人對得守獨身誓願的神職人員充滿好奇。青年錫質平選擇的人生道路，不是常人路徑。這位青年時去到中國，後來又到臺東，最後長眠於此的神父，已成為海岸山脈的一部分。總有人納悶：不能談戀愛與結婚的神父與修女怎麼都長得這麼好看？也許我們稍可自嘲：挑選他們的上帝，眼光不錯。（公東高工提供）

「白冷外方傳教會」與臺東縣一甲子的深情交會，隨著錫質平神父的到來開始。這張攝於1958年的照片，影像中的白冷會神父們正值壯年，他們將後半生的歲月全奉獻給了偏遠的臺東。時任臺灣白冷會區會長的錫神父為照片第一排左邊第一人，位於他右邊的是當時白冷會總會長馬士杰神父（Bioechlinger Max,1911~2004）。這張具有歷史意義的照片因為他的到訪而拍攝。照片中的人物已全部作古，除了短暫停留的總會長，十五位神父中有八位就是在身後也未回返瑞士，長眠於臺東，成為地道的海岸山脈的瑞士人。（白冷會提供）

一百八十公分高的大漢懷念不已，更信誓旦旦地對外人說，影響他們這一生最深的人莫過於這位來自瑞士的神父。

很多公東校友雖已年過半百，但一提到過世逾四分之一世紀的神父，仍淚眼汪汪、不能自已。尤其是一九八五年，三月二十八日那天下午兩點二十分，仍在校的師生自擴音器得知錫神父在臺東聖母醫院與世長辭，竟再也無法上課，哭成一團。

直到今日，仍有不少校友，每回由東部往西或由西往東來時，一定會到錫神父位於臺東大武鄉南興村的墓園看看。對他們而言，這位一九五二年就來到臺東將自己全給了東部，還將遺體視為肥料、奉獻給這塊土地的異鄉人與他們的親人無異。

一九一七年十月七號，出生於瑞士東北部聖加侖（St. Gallen）附近的畢斯威爾（Bichwil）小城的錫神父，來自一個有十位兄弟姊妹的大家庭。一九三八年，第二次世界大戰期間，二十一歲的錫質平加入了天主教體系的「白冷外方傳教會」。一九四四年，錫神父二十七歲時，晉升為神父。一心想到中國傳教的錫神父，由於亂世而無法前往，只好轉往瑞士的菲力堡大學攻讀中國文化、歷史及語言。

一九四六年，錫神父時年二十九歲，終於如願抵達北平，除了繼續攻讀中文，更準備前往東北的齊齊哈爾傳教。兩年後，左派勢力抬頭，無法北上的錫神父，失望透頂地返回瑞士。

一九五三年，錫神父三十六歲，他那位連「臺東」都不知在哪的長上應花蓮教區費聲遠主教的支援請求，權且派遣這位一心想來中國服務、能力超強的神父自瑞士

花冠錫質平

錫神父極少留影，他愛做事，不喜出風頭。這兩張照片是他早期在臺東時的留影。上圖是他與其他神父在臺東南興天主堂，白冷會慶祝在臺十週年，宴席上的留影，相片中的他頭戴花環，意氣風發，與他後來給人嚴肅、不苟言笑的形象截然不同。公東創立後，也許因為為人師表，做人榜樣，錫神父極少再有如此輕鬆快樂的畫面。左圖右方為隨同錫神父到臺灣，後來在日本服務的司路加神父（Stoffel Lukas,1913~2002)（白冷會提供）

瑞士期間的錫質平

有關錫神父年輕時期種種，我們所知甚少，這幾張寶貴照片為我們嗅出一些端倪。錫神父曾說若不當神父就會當將領，圖右上為他當年在砲兵部隊服役時的留影（第二排右四）。錫神父畢竟沒有當將領，卻以一種不尋常的方式領導人。圖右下，畫面右二為他入白冷會院修道陶成期間的留影。
1944年4月10日，錫神父祝聖為神父，自當日起他將為牧養人靈的牧人，圖左為他晉鐸之後的留影。錫神父雖選擇了一條不同於常人的人生路徑，但我們仍難以參悟，究竟是一種什麼樣的信念，可以讓一位成長於外邦的異鄉人，視自己為肥料的長眠於他鄉異國，在異鄉的土地上開花結果，繼續滋養着當地的子民。

錫神父全家福

錫神父來自一個有十位姊弟妹的大家庭。畫面右二就是錫神父，戴著眼鏡的兒童錫質平，眉宇間已透著股不凡的領導人氣質。由這一張歐味十足的家庭照中，我們怎麼也無法料到，那幼小孩童，成長後竟會去到異國遠方，奉獻自己，甚至視自己為肥料地長眠在半個地球外的臺東。

初晉鐸的錫神父

1944年4月10日，錫質平晉鐸為神父，自今日起，他將為上主的僕人，任祂派遣。
人終會死亡，然而錫神父所追求的精神，藉著他們的修為與付出在瞬息萬變的人間卻能不朽。錫神父自孩童、青壯年直到晚年的留影，讓毫無關係的旁觀者驚覺，容顏雖會衰老，但藉著修為居然能益發成熟而美麗。（簡安祥校長提供）

到臺東「瞧瞧」，評估此地情況後，再看是否要安排會士來臺。沒想到正值壯年的錫神父一到臺東，未經瑞士長上許可，就單槍匹馬地在此大興土木，進行前所未有的傳教計畫。

白冷外方傳教會與臺東超過一甲子的深情交會，就這樣揭開序幕。

在臺東度過大半生的錫神父，在這裡完成了眾多影響深遠的不可能任務，其中一項就是造福無數東部學子，甚至為職業教育立下不朽典範的「公東高工」。

「辦學」從不是這位神父在這偏遠之地的首選，然而這一心想救人靈的神父卻太清楚，讓上帝子民改變窮困的利器不只是祈禱，而是教育。為照顧學子而建立的臺東市貞德宿舍、農校康樂宿舍、成功鎮的成功宿舍、大武與鹿野的學生宿舍，隨著錫神父四處建堂而同時興建，一點也不讓人意外。

眾多學生宿舍中，最知名的一座當屬位於臺東市的「培質院」[1]，曾任臺北市副市長的歐晉德先生，入大專前就是住在這非常注重生活、品格教育的培質院內。

一九五三年來到臺東的錫神父，在眾會士與本地神父及當地教友的努力下，頭十年就在東部建立了四十三座教堂，其中十八座還以水泥建造。

一九五五年，同屬瑞士的聖十字架修女會來到臺東，她們為貧困者服務的診所，每日天亮前，就已有上百位病人在診所外等候。而曾接生東部無數新生兒的「臺東聖母醫院」更在數年後成立。

在臺灣生活七年後，錫神父這一心想修直上主道路的修道人，在長期與貧困教友

1. 培質院位於臺東市中心，當年許多就讀於臺東的學子寄宿於此。成立於1954年的培質院，名字取自資助培植院成立的昔日梵蒂岡駐華公使黎培理之培，以及錫質平神父之質。

錫神父英姿

錫神父曾說過不當神父就當將領，這身高一百八十公分的壯漢，在臺東完成了眾多不可能任務。性急、耿直，是他的標記，但他的強勢與爽直，卻也讓與他共事的人吃不消。有個可愛的故事說：公東興建期間，從瑞士前來的技師與他商議施工水管口徑，錫神父還未聽完就衝動質問，為什麼要浪費錢，用這麼粗的水管？這位瑞士技師對錫神父性格早有所聞，根本不跟他辯，只是打開水龍頭給他看。第一個龍頭打開有水，第二個龍頭水流少了一半，第三個龍頭，根本流不出水來。據說錫神父當場傻眼閉嘴，摸摸鼻子，完全依照瑞士技師見解行事。（攝影／林至柔修士）

相處中，深知唯有教育能徹底幫助一個人改變現況，也只有一技之長才能不為人所奪。

為此，當他有機會辦學時，能習得技術的職業學校，成為他的首選。

公東創建由來

一九五九年，錫神父自瑞士天主教勞工協會（Brucke Bruderhilfe）募得籌建公東高工第一筆建設經費，錫神父本想將瑞士著名的鐘錶製作技術引進臺東，但由於氣候不合，這個計畫宣告放棄。

被喻為臺灣廊香教堂的公東教堂是公東高工第一座建築物。這座建築除了第四層為教堂外，以下二、三層全為學生宿舍（當年的學生一律住校），一樓則是後來改為教學用途的實習工廠。為照顧住校生，錫神父那間夏天會熱死人，連冷氣都沒有的小房間兼辦公室，就在教堂下的第三層。

有教堂、寢室、工廠的四層樓現代建築，是當時臺東最高建築。為此當地人都戲稱公東是臺東的最高學府。除了這座樓，公東其他教學大樓幾乎都是在錫神父獨自奔走募款下一一籌建，錫神父就連在癌症末期，由瑞士返臺前，也將他唯一弟弟給的養病錢，全數捐出為學生蓋了座籃球場。今天在籃球架下，仍可隱約看到非常細

瑞士技師

為了興建公東校舍及儲備師資，白冷會當年自瑞士徵募具奉獻精神的專業技師，到偏遠臺東服務，一直到技術全面轉移，公東培育出自己的師資後，這計畫才告終止。一直到1975年，公東前後共有二十一位不支薪、來自歐洲的專業技師在此任教。1958年，最先抵達的三位分別是：負責公東高工建築工程的李濟民（Lienert Paul），衛生工程的白啟民（Berger Werner）和任教於木工科的徐益民（Husler Peter)。這三位老兄的名字全是錫神父所取，昔日公東人戲稱這三人為瑞士來的「三民主義」，然而我們從錫神父這外邦人對他們濟民、啟民、益民的期許，對照浮誇，甚至貪腐文化依然盛行的臺灣官場，真是讓人感慨、無地自容。（白冷會提供）

小的一行字：錫安東（錫神父的弟弟）捐獻。

錫神父辦學，並未全然按照教育部規定。在他心裡，實在的本事比文憑來得重要，為此他全面將瑞士那種師徒傳承學制引進「公東」。為了讓公東學子習得先進扎實的技術，錫神父更花許多工夫自瑞士聘請學有專長，又富有犧牲精神的老師前來任教。

一九七四年以前，偏遠的公東高工，前後竟有二十一位來自瑞士、德國、奧地利的外籍老師，不支薪地在學校裡教導水電、木工、機工等課程。一直到技術轉移，公東培育出自己的師資後，這綿延近十五年、有外籍老師支援的教學計畫才告一段落。

為加強學生們技藝，公東白天幾乎全為工廠實習的術科訓練，對當年公東學子而言，晚上能坐在教室裡修習的學科簡直像在度假。

由於排課內容與教育部規定相牴觸，錫神父幾度得不到教育部經費補助，而得自己想辦法籌錢。但當年有機會參觀公東高工的人士，都會訝異這位於窮鄉僻野之地的學校裡，竟有如此先進且幾乎全為進口的實習設備，而來自歐洲的優良技師更讓他們印象深刻。

來自以務實生活為本的瑞士德語區，錫神父絲毫不看重虛華學位，只在乎貧困孩子能否習得在社會立足的一技之長。雖是不以升學為目的的工業學校，錫神父對學生的生活品格教育，卻一點也不馬虎。

學子眼中的錫神父

公東學子，尤其是住校的同學，長期與錫神父近距離接觸，使他們有機會認識錫神父不為人知的一面。一般教友只敢仰望他，絕不敢想像，這位律己甚嚴的神父每晚會為他的寶貝學子蓋被子，為他們一一搓上他自瑞士帶回，治療頑強香港腳的藥膏，更無從料想這位被人尊敬的神長（天主教對神父的統稱），每回總親自帶領住校生清掃校園，打掃廁所。據說，那一如軍中坑道的廁所堵塞時，錫神父總會跪地、二話不說地下手就掏，讓旁觀學子瞠目結舌地不得不認真跟進。

傾心維護校園整潔的神父更會因學生攀折花木、腳踏草地，而大老遠地飛奔過來給學生一拳，那些曾被錫神父追著滿校園竄逃的校友，日後想死了錫神父那帶有無限深情的拳頭。有位校友甚至在錫神父的追思紀念冊上寫到，當年，當他看到錫神父靈柩自校門口進入校園時，竟悲痛萬分地巴不得能再挨神父一拳，再聽到神父一聲「不許踐踏草地」的吆喝。

錫神父對住校的學生究竟關愛到什麼程度？

在公東一直服務到退休的林一增教官說，他二十一歲那年因為轉服預官役來到公東，家住高雄的他一到偏僻的公東就想調離，然而就是錫神父的精神讓他扎根在臺東，甚至在這娶妻生子一直待到退休。

林教官仍記得，一到校，錫神父就叮嚀他：這些住校的孩子們，年紀這麼小就離家在外，沒有父母、親人的呵護，神父懇請教官，務必將學生視為己出，除了要嚴加管教，更要注意他們的心靈。

當年不過二十來歲的林教官，充其量也不過是個不懂得照顧別人的大孩子，然而他一步步跟隨著錫神父，觀看他的一言一行。他記得神父總把好吃的留給學生，即使受邀作客，神父總會要求將剩菜打包，帶回給他的學生打牙祭。不管多冷的半夜，只要學生身體不適，神父總會騎著他的大摩托車，將學生載往醫院。

林教官說，他被這位老外神父的精神深深感動，後來即使成了家不再住校，他仍是習慣等到學生就寢才回家，天尚未亮，學生還未起床時，便又衝到學校查看學生的起居。

林教官彼時正值壯年，堂堂一表人才，又盡忠職守，錫神父愈看愈喜歡，竟動了鼓勵他修道、當神父的念頭。林教官笑著回憶，當他對神父說他是佛教徒，神父完全尊重他的信仰，再不提這事。

錫神父在公東的軼事，幾本書也寫不完，然而有些事仍得記上幾筆，所有被錫神父幫過的學子都記得錫神父如何教他們有尊嚴地掙自己所需。

畢業自公東的蘇智明回憶：自屏東前來公東就讀的他，剛到校的某個週末就硬著頭皮來找神父借錢，他難以啟齒地對神父說，下星期就要上製圖課卻還沒有工具。

週末過後，神父從抽屜裡拿出一套全新的德國製圖用具，嚴肅地對他說：

「這不是給你的，你自己得想辦法把它賺回來。」

錫神父降福新到的機器

公東當年所使用的機器大多進口自歐洲。機器安裝使用前，錫神父都會以教會禮儀、祝聖、降福這些機器，祈祝它們運作順利、更保佑使用它的學生，能認真學習，發揮所長。也許有人會覺得這儀式迷信，然而它背後的動機卻是愛與祝福。

據說，作為錫神父學生，是他人際關係中最幸福的一群。公東的學子，尤其是當年住過校的人，雖然被他的拳頭捶過，睡懶覺被他掀掉被子，卻仍對他懷念不已。錫神父對學生的好，有時也讓老師吃味；據說，錫神父每次從瑞士回來，行李箱裡全是給學生預備的德國製圖用具，有些老師願多花錢跟錫神父購買，錫神父總嚴肅地說，這是給學生的，你們有錢，自己去買。

每回公東開訓導會議時，只要有錫神父在，就開除不了人，神父總說，這兒是學校，你把他開除了，他還能上哪去？

左圖為錫神父在學生成果展上，把玩木工科學生製作的益智玩具。（公東高工提供）

自那日起，在課餘時間就為神父打工的智明，說自己的工作不外乎週末清掃校園之類雜務，但錫神父給他的薪水，卻讓他在公東那幾年時光好不逍遙，然而更讓他銘記在心的是這些零用金，完全來自神父回收自廢牙膏條、廢紙，或瑞士恩人賙濟的奉獻金。

錫神父的身教與言教影響每一位曾與他共事的人，曾任公東訓導主任與國立臺東高商校長的江銘鉦先生就說，錫神父是影響他這一生最重要的人，在他有生之年，除了忘不了他，更時時記著他的精神，在工作崗位上，一刻也不敢大意。

無私、負責、誠實、認真，堅強，只是一般人對錫神父待己、對人的表述，然而更多具體形容可能都不及他與學生間的慈愛互動。所有住過校的校友都記得課餘，工作做完了，他們最喜歡待在神父仄陋的房間兼辦公室裡，翻閱他收集的郵票[2]、看他的書籍，甚至玩弄他的菸斗。這群隻身在外、正值青春期的大孩子們，可能從未知覺，在那人生地不熟的地方，錫神父竟是位可以仰慕的父親。

從修道人到辦學者

鮮少人以「好看」來形容神職人員，更不好意思以「英俊」來描述不苟言笑的

2. 為了籌措貧困教友築堤為田的經費，錫神父最後忍痛將收集了幾十年的郵票，全部賣掉。

神父，總覺得其中有「不敬」意味，然而公東校友們，每回提起錫神父，總會笑著說：「我們的神父騎著他那台BMW500 CC的重型機車，要有多瀟灑就有多瀟灑！」很多女校友也附議，英挺的神父真教人心動。

公東高工的圖書館主任陳美玲老師說，進入公東前，在國中課堂上，每回臺東有

錫神父與摩托車

摩托車是錫神父的招牌，他從BMW 500CC、新山東100CC，一路騎到富士霸王125CC。他的瑞士家人心疼他，捐錢購車給他，然而錫神父如往常一樣，仍將這筆錢捐給了公東高工。錫神父一直到癌末，仍騎著他的摩托車去探望教友和他的寶貝學生。有關他的摩托車故事不少，其中竟有學生夜半偷騎他的摩托車，出外闖了禍。事後得知的錫神父當然生氣，不過所有人對錫神父印象最深刻的是，還未聽完過程，錫神父總急著先問：「學生有沒有受傷？」（攝影/林至柔修士）

遊行慶典活動，她們那群清湯掛麵的小女生，最喜歡在教室窗邊等著公東高工的儀隊經過，那幾位掌旗的大哥哥一身漂亮如英國白金漢宮衛隊的服裝和禮帽，都不由得讓人多看兩眼。終身以簡樸為尚的錫神父竟是如此在乎他子弟的儀容，他要他的學生代表學校時儀表非凡。待陳老師進入公東就讀，她才知道，這些引人注目的禮服，當年全是錫神父自瑞士帶回。

雖然身為公東高工的創辦人，錫神父卻從未以創辦人及教育工作者自居，公東高工並不是他在臺東的全部，在更大的生命藍圖中，錫神父是位得守貞節、服從、貧窮的修道人，一位天主教的傳教士。在公東創辦前後，他大多時間仍是位得四處傳教、照顧教友的神父。

一九六三年，錫神父會長任期一滿，就前往新竹學臺語，一九六四年到一九六八年被派到鹿野任堂區神父並兼管延平鄉。一九六八年二度返回公東任總務主任兩年多。一九七一年到一九七六年返回大武鄉傳教。一九七六年到逝世為止，三度擔任公東總務主任。

錫神父幾度由本堂工作調回公東，卻不是來做高高在上的行政主管，而是如收爛攤子般地來處理學校的財政危機。

除了管理財務，錫神父在校幾乎全從事照顧學生的打雜工作，即使不在公東的那幾年，錫神父也確實做到了「不在其位，不謀其政」的豁達。

公東禮儀隊的禮服是錫神父當年自瑞士攜回。雖然自己很節儉，錫神父卻喜歡他的子弟兵在代表學校時出類拔萃、儀表出眾。這一身亮麗的禮服，在當年偏僻的後山，出色得讓人驚豔。（公東高工提供）

公東學子曾無數次代表臺灣參加國際級的藝能競賽，這些競賽絕無僥倖，全得靠真本事，公東學子不負眾望，往往奪金而回。載譽而歸的選手，返校前最後一站，就是到白冷會院拜訪神父，院內的老神父每回見到這些為學校、國家爭得榮耀的子弟兵，都會像老大人般得意個好幾天，右圖為錫神父與獲得全國技能競賽獎項的學子合影。（攝影/林至柔修士）

葛德神父的回憶

海岸山脈北起長濱鄉、南達大武鄉這段，全是白冷會服務的範圍，其中還包括了蘭嶼，而與白冷會直接交會的就是此地的原住民。在那原住民仍受歧視的年代，白冷會弟兄與他們合作的國籍神父們，已全然地與原住民生活在一起，且從各方面具體幫忙他們的生計。

物換星移，隨著經濟面貌改變，白冷會士相繼凋零，那刻苦過往幾乎快被人遺忘殆盡，然而從那幾位碩果僅存、布滿皺紋的白冷會士臉上和佝僂身軀，我們仍有機會深深體會那言語文字都難以表達的歷史片段且深受衝擊。

迄今仍在臺東東河鄉服務的葛德神父，在錫神父來到東部十年後才自瑞士前來，在那可看到太平洋的教堂後，葛德神父不急不緩地向我娓娓道來，一九六三年，他初到臺東時，原住民的村落全都是茅草房，有些家庭的孩子們更只有一條褲子穿。拜訪教友時，葛德神父與錫神父常與原住民教友一起蹲在家中唯一火盆前取暖，背脊卻被寒風颼得直打哆嗦，而在青黃不接，糧食未收成前，很多原住民家裡連可堪果腹的食物也沒有。

由於土地很容易讓人騙走，很多原住民村落唯一能耕種的田地，竟是險象叢生的河床，這些河床地只要河水一漲就全被淹沒。錫質平神父冒著被控協助原住民蓋違

錫神父與葛神父

非常難得的留影，兩位帥哥不知在笑什麼？臺灣經濟全面提升的今日，我們幾乎忘了，幾十年前，人們的生活是如何困厄？尤其是資源益形匱乏的東部。

錫神父曾為原住民買船、買羊，協助他們生活自立，而他與白冷會神父為原住民化河堤為良埔的故事更讓人鼻酸。這些傳教士不只在乎天上的國，更在乎地上子民的生活。物換星移的今日，身為教徒的我也不免感慨，白冷會與臺東的結緣，真是上帝的安排，這個修會團體在會憲裡清楚闡明會士們要效法孩童的單純、更要貶抑自己甚至放棄自己的習慣，好融入當地的文化。（攝影/林至柔修士）

戰後的臺灣，民生落後，原住民的景況更是窘迫，他們除了為生存奔忙，大多時候就連基本的溫飽也談不上，錫神父與其他的白冷會士一到東部，除了傳播福音，更立即投入民生改善。創立於二十世紀初的白冷會最初在中國東北傳教，被共產黨全數驅逐出境後，他們又因緣際會的來到更遙遠陌生的臺灣東部，他們全然不回頭看的全心投入這塊新天地。在他們眼裡，眾人都是天主所造，每一位個體都應受到尊重與愛護，《聖經》中，基督所闡述的「為一位最小弟兄所做，就是為我所做」的道理，在錫神父那一代的修道人身上展露無遺。（曹經五蒙席提供）

一個人是什麼往往不是來自那人本身，而是他被人以何種態度對待？

半世紀前，在東部服務的傳教士早以一種平等而開放的胸襟來看待他們眼中的原住民弟兄姊妹。「番仔」、「高山族」等等不自覺的種族文化偏見字眼，曾無情又粗魯的傷害經濟條件更落後的原住民同胞，以「山花」來形容遭人殘忍蹂躪的原住民雛妓，更是教人無法忍受。

初到東部的白冷會士都記得，當年他們的伙食有多苛刻，時任白冷會會長的錫神父，堅持自己會士的生活水平，得降到與當地百姓一樣。終其一生，錫神父對自身飲食，毫不講究，公東的學子都記得錫神父總將好吃的東西給他們，而錫神父自己，就連發霉的麵包，也照吃不誤。這一組具體反映當年原住民同胞的影像，更值得富裕的臺灣省思，在身而為人的修為上，我們又是何其的膚淺與粗鄙？

（曹經五蒙席提供）

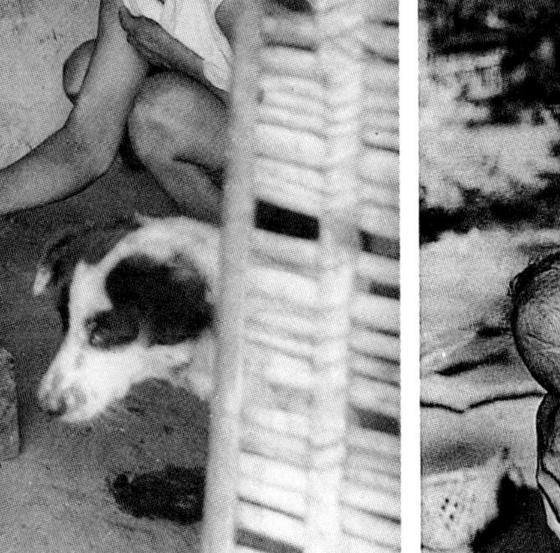
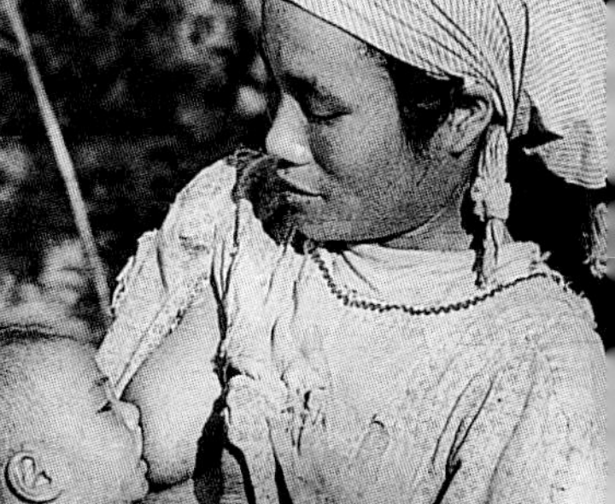

章建築的危險在河床上築堤。今日的達仁鄉、大武鄉、太麻里金崙村、卑南鄉、鹿野鄉、關山鎮、海端鄉、東河鄉都有錫神父與其他神父策劃興建與河爭地的堤防。

除了為百姓築堤，化荒埔為良田外，白冷會更替幾個部落居民引山泉、掘井以解百姓缺水之苦。葛德神父讓我看那一張張早已發黃的堤防平面設計圖，上面除了標示堤防結構更寫滿密密麻麻的德文。原來這些泛黃紙張，全是錫神父點腆著臉、向瑞士家鄉募款的要錢信，那一行行小字就是告訴那經濟也不寬裕的恩人，他們的刀口錢究竟花在哪一段、哪一處的金屬石籠材料上。僅夠買材料的募款，使得神父們再也沒有工錢發放給一起參與工程的原住民，正值美援高峰期，白冷會索性以賑代工、按每戶人頭數配給麵粉、奶粉或舊衣物給來工作的人。

我在葛神父可以看到海的教堂後院檢視這一張張血淚斑斑的工事圖，突然明白，可以將日子過得好一點的葛神父為什麼每一頓飯都是這麼簡單，衣服都破到不行卻仍捨不得丟。當衣食無缺的教友仍不斷向上蒼祈福，錫神父那一代的修道人，在那貧瘠後山，只謙卑的希望幫助天主的子民活下去，起碼有飯吃的生存下去。

除了協助築堤，錫神父還募款為原住民自澳洲買羊放牧，購買機動漁船讓他們出海捕魚，但原住民三天打魚，兩天晒網的自由天性，讓一心幫他們獨立的錫神父挫折不已。

所有煙塵往事，最讓我震撼的是當葛神父講到自己堂區原住民女孩被賣事件。神父提到這段過往仍激動不已。他說，當年他一個人在教堂宿舍，只要遇上這事，就讓他無助到想大哭一場，在教堂裡對著沉默的十字架大叫，幾近崩潰，甚至

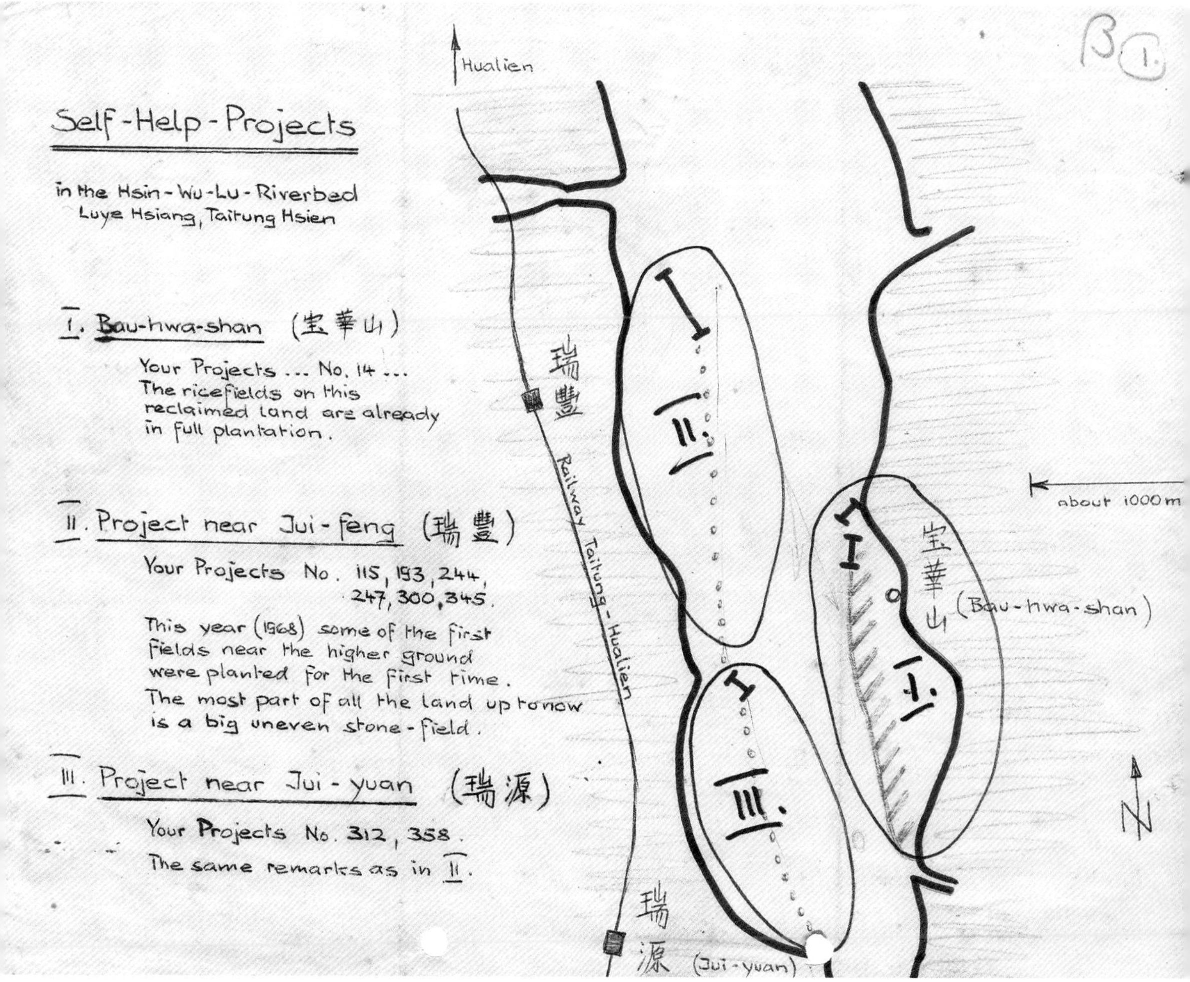
B 1.
Hualien
Self-Help-Projects
in the Hsin-Wu-Lu-Riverbed
Luye Hsiang, Taitung Hsien
I. Bau-hwa-shan (宝華山)
Your Projects ... No. 14 ...
The ricefields on this
reclaimed land are already
in full plantation.
II. Project near Jui-feng (瑞豐)
Your Projects No. 115, 193, 244,
247, 300, 345.
This year (1968) some of the first
fields near the higher ground
were planted for the first time.
The most part of all the land up to now
is a big uneven stone-field.
III. Project near Jui-yuan (瑞源)
Your Projects No. 312, 358.
The same remarks as in II.
瑞豐
Railway Taitung-Hualien
I
II.
III.
宝華山 (Bau-hwa-shan)
about 1000 m
N
瑞源 (Jui-yuan)

築堤，闢河床地為良埔的工事圖

過往很多攸關民生福祉的大事，隨著經濟面貌改變，逐漸被遺忘。從白冷會幾張倖存的工事圖中，我們才發現，一個國外宗教團體，當年竟冒著協助當地百姓，興建違章建築的危險，從事關係百姓民生福祉的工程建設。高壓戒嚴時代，當宗教也跟著噤聲不語時，後山的白冷會卻已默默地在進行巨大的社會改革。

這份製作於1968年左右的簡易工事圖，清楚表示出，那些瑞士恩人所奉獻的金錢，究竟花在哪一段的工程施工上。

無法入眠。

臺灣過去半世紀經歷了世界少見的經濟奇蹟，卻成為追逐奢華、極度健忘的世界。

一九六〇年出生的我，童年時期，小小眷村裡仍不時可見所謂的山胞，今日的原住民穿著極其破舊的衣服到眷村裡討飯。不明事理的孩子們一看見他們，總跟大人說，高山族又來了。包括母親，左鄰右舍的婦人家，也許逃過難，更懂得憐恤貧困的人。由於軍眷配有糧食，我的母親總會給乞討的婦人一頓飯吃，更會自米缸舀出一大碗米裝入她們的袋子。那些老婦人只要在眷村幾排房子走上一回，總能將米糧滿滿地揹回家去。

在神父可聽到鳥叫聲的宜人庭院裡，我突然想起童年總以輕佻口吻唱的〈花鼓歌〉歌詞：「大戶人家賣田地，小戶人家賣兒郎。」竟是如此的辛酸，而它們竟是據實發生在童年時期那些離鄉討飯的高山族阿媽們身上……我倏地起身，無法自持地離開神父。

臺灣由貧困步入富裕，不僅是華人社會更是世界奇蹟。然而在富裕之後，人的心靈卻變得空洞與健忘，照片中那平凡畫面雖是數十年前的浮光掠影，卻是許多人的共同記憶：甜美回憶的背後藏有不為人知的辛酸與無奈，正好提醒生於安樂的我們，這一路走來多麼不容易。（白冷會提供）

硬漢柔情

男女授受不親是錫神父得恪守的規範，幾位已年近花甲的修女，仍記得這位四處騎著有如他標誌的摩托車大漢，後座從不載女生。

在延平服務，屬於聖十字架修會的林秀花修女回憶：她仍在做初學修女時，仗著年輕，膽敢與錫神父這不苟言笑的修道人撒嬌。有回錫神父與她上山去帶一個仍在襁褓的孤兒下山。修女揹起嬰兒後，錫神父說我們走下去吧，修女失聲尖叫：

「這麼遠的路，神父，你就騎車帶我下去嘛！我身上還揹個小孩呢。」

「就是你身上還揹著小娃娃，我這一個外國神父，後座上坐著一位揹著嬰兒的修女，這三口人，讓路人看到成何體統？」

林修女淘氣的回憶，有回她與神父上山給小朋友上道理班，結束後，神父又是那句老話，你自己慢慢走下來。年紀小到足以當神父女兒的修女對神父說：「這麼熱的天，好遠的路，神父，你就載我一程嘛！」錫神父百般不願意地讓修女上車。

只能雙手緊緊抓著後座鐵架的修女說，車行一半，象徵修女身分的頭巾被風吹落，她不停尖叫請神父停車，頭戴安全帽的錫神父因聽不到仍急速前行，修女最後實在沒辦法，只好以手輕拍神父肩頭，這修道人像被電擊般地嚇得趕快停車。

修女跑回去撿頭巾時，仍聽到背後的神父不斷咆哮：「我告訴過你，我就是不要載女生，我就是不要載女生！」

宗教衍生出來的制度與規範往往不近人情，甚至最後流於形式、內容空洞，然而錫神父仍以他的血肉之軀多次表達出他對人的溫柔與體貼。

任教於公東高工的劉志鑫主任說，他們就學期間，神父被調往臺東南端大武鄉服務。有天他與幾位同學，沒知會神父就從臺東市騎了快四個鐘頭單車，前去拜訪。正在午休的錫神父，一看到這幾位大孩子騎了這麼遠來看他，快樂極了。這總給人硬漢印象的神父，除了為這群大孩子張羅午餐，更給他們零用錢去看電影，還囑咐他們傍晚回來用餐。

一粒麥子若是不死……

一九七六年，錫神父三度回到公東高工擔任總務主任，他人生最後歷程就在這度過，然而疾病對這鐵人的摧殘幾乎讓人不忍卒睹。

一九八三年三月的某一天，從主教到公東校長、師長學生、教友，一大夥人聚集臺東機場，為攝護腺癌細胞已擴散到其他部位，得回瑞士治療的錫神父送行。眾人雖然滿口早日康復的祝福，但都心知肚明，錫神父不可能再回來了。

一個人的良善是裝不來的。

我在東河天主堂，乏人整理的成堆相簿中，發現了這兩張照片。為寫錫神父，我曾如偵探般去尋訪他的故事。這兩張被人隨意拍得的照片，讓我們看到錫神父溫厚一面。不像一般人可能因不自在，會把觀食的小童趕走，錫神父卻像一位父親，把份量有限的便當與四周孩童分食。這兩張照片讓我們看到臺灣過去困厄的民生面貌，卻也體會稚真良善所發出的熱度。（東河天主堂提供）

永興航空公司

遠東航空公司 Far Eastern Air Transport
B-2623

1983年3月12日，對公東及當地的教友而言都是難忘的日子，當錫神父的攝護腺癌已四處蔓延，無法控制時，白冷會終於做出請錫神父回瑞士治療與靜養的決定。每一位來臺東機場送別錫神父的人都強顏歡笑，雖然他們一片早日康復的祝福，卻都心知肚明，錫神父將告別這塊深耕過的土地，永歸故土。

白冷會的林至柔修士，深情記錄了錫神父離別的過程，就連錫神父進機艙那一剎那也被捕捉下來，那群送行的人痴痴等到飛機上天，才依依不捨地離去。德國文學家赫塞在小說《鄉愁》中這樣寫道：「只要能以愛心填滿心靈，此生將不再畏懼任何苦惱與死亡。」然而生離死別卻是人生最難承受的痛與難以彌合的撕裂。深情的錫神父日後卻以他對這塊土地的愛填補了這龐大的空白。（攝影/林至柔修士）

錫質平神父

我從極有限的資料中，找到這張照片，難得它如此清晰地將錫神父那堅毅英雄氣概表露無遺。生命是趟旅程，身處其中之人永遠不知它將走往何處。我對錫神父由原先的懼怕與不喜歡，漸次被他吸引，也終於明白那些受他影響而敬仰他的人，對他的描述沒有一句不發自肺腑。錫神父是老一代修道人，嚴肅是他們陶成期間的基本要求，真虧他的寶貝學子，讓我們有機會領教到這鐵漢深情的一面。男兒有淚不輕彈，然而那些曾受過他照拂的大男生，就是在幾十年後的今天，只要想起他來，仍不自覺地眼角溼潤起來。錫神父臨終前，直言希望自己能化成這土地的肥料，讓自己無用的肉身，還能有最後一點貢獻。

一個人對眾人的影響會大到什麼程度？公東學子，當年往往還未畢業就被業界搶走，就連老師也常被挖角。東部所有公立學校，都知道這所學校因一位外籍神父的以身作則，師長是如何的認真與負責。在教育理論滿天飛的今日，我們發現，一個人的身教、言教仍是教育體制中最寶貴與不可缺的倫理精神。（白冷會提供）

五個月後，錫神父竟出乎他們意料地回到臺東。

據當年仍任職花蓮主教的單國璽樞機（1923~2012）回憶：神父返瑞士治病的那年，他正好在梵蒂岡開會。在晉見完教宗，單主教自梵蒂岡寫信給在瑞士會院靜養的錫神父，言明來看他。未料，如期前來的單主教竟撲了空，原來錫神父一收到主教的信，立刻先斬後奏，整裝回臺，他怕主教一來，與他的長上討論病況後，鐵定不許他再回來。

原本得聽命的錫神父竟連主教都不知會地趕緊逃離，讓照料他的會士弟兄一片錯愕，他們都記得這已病入膏肓的人，最大的心願竟是能將自己的遺體化為臺東的肥料，他要在還有利用價值前，趕回到那片讓他愛到骨子深處的土地。

返臺後的錫神父仍憑著無比的毅力撐了一年多時間，公東校友黃嘉得先生，在他日後整理出來的錫神父信件中，讓我們稍稍得以一窺錫神父生前最後面貌：

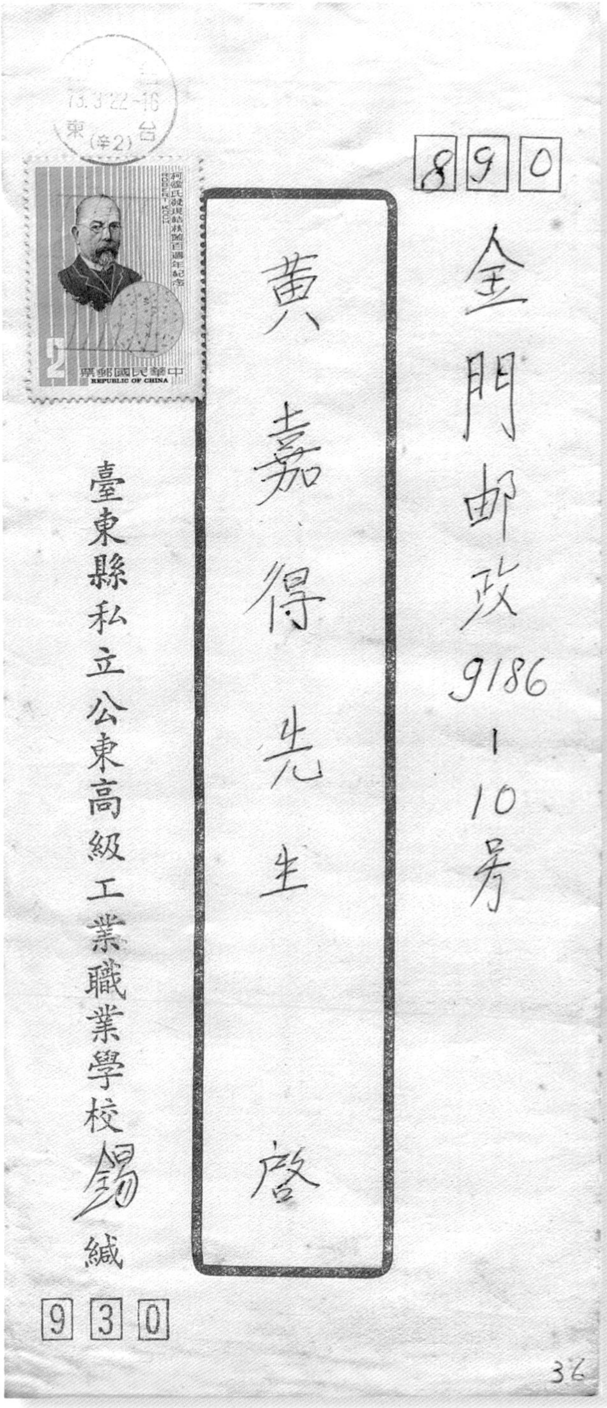
73.3.22-16
東 台
(辛2)
中華民國郵票
REPUBLIC OF CHINA
2
890
金門郵政9186-10号
黃嘉得先生
啓
臺東縣私立公東高級工業職業學校
錫
緘
930
32

嘉得

你好！

我從瑞士回來時就收到你的國（筆誤，應是過）年前給我的信，謝謝你。

我三月中旬回到瑞瑞（筆誤，應是瑞士）去再開一次刀，開的很順利，不過癌症已經入了腿股，醫生也沒有辦法，只希望他給我的藥能阻礙它惡化。

我回來的目的：用我的小小的力量還負（筆誤，應是服）務幾天或幾個星期。

祝你

主佑身體健康

錫質平上

73.3.21

嘉得，

你好！

我從瑞士回來時就收到您的國年前給我的信，謝謝您，

我三月中旬回到瑞瑞去再開一次刀，開的很順利，不過癌症已經入了腿股，医生也沒有办法，只希望他給我的藥能阻礙它惡化，

我回來的目的：用我的小小的力量

距上封信三個多月後，嘉得再度收到錫神父寄到金門的信，也許神父身體每況愈下，這回他大部分以英文書寫，但信件開頭，錫神父竟極不尋常地以My Dear 來稱呼他。就像錫神父說的，住院期間輸了一大堆女子的血，為此，他的脾氣終於可以變好、變得溫柔一點。

（此信為英翻中）

我親愛的

謝謝你的兩封信。

昨天我去臺北看醫療設備展，當日就回到臺東，但是我實在太累而睡不好。

不要問我還能活多久，那簡直是浪費時間，今日應作的事，就該作得百分之一百，未來我們無把握，現在是我們的寶藏。

祝你平安，天主保佑

錫質平

73.7.12

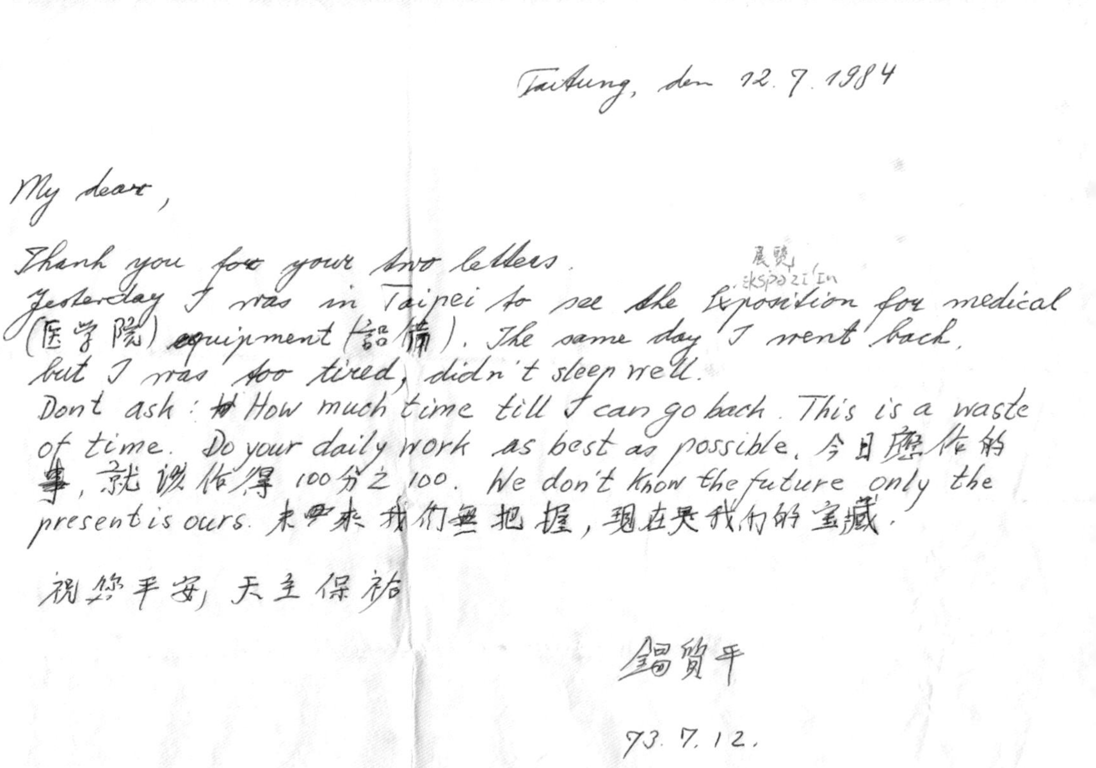
Taitung, den 12. 7. 1984

My dear,

Thank you for your two letters.
Yesterday I was in Taipei to see the Exposition (展覽 ikspəziʃn) for medical (医学院) equipment (設備). The same day I went back, but I was too tired, didn't sleep well.
Dont ask: How much time till I can go back. This is a waste of time. Do your daily work as best as possible. 今日應作的事，就該作得100分之100. We don't know the future only the present is ours. 未來我們無把握，現在是我們的寶藏.

祝您平安，天主保佑

錫質平

73. 7. 12.

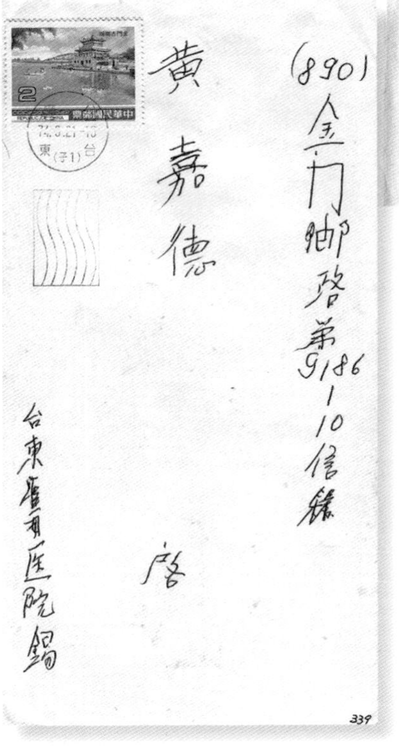
(890) 金門鄉啓第9186 / 1 / 10 信箱
黃嘉德 啓
台東聖母医院錫
339

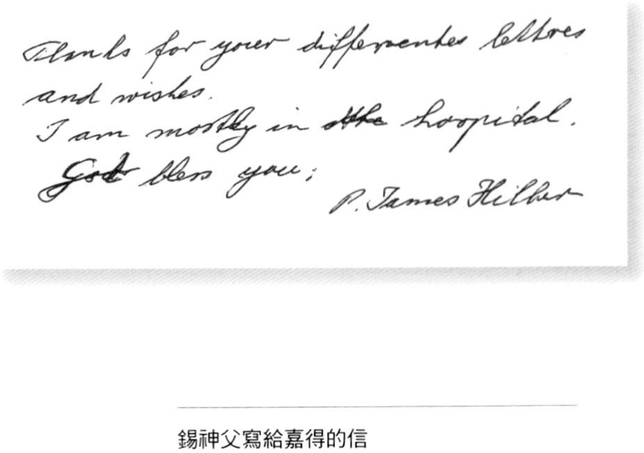
Thanks for your differentes letters and wishes.
I am mostly in the hospital.
God bless you;
P. James Hilber

錫神父寫給嘉得的信
（黃嘉得先生提供）

蔓延到骨頭裡的癌細胞，為錫神父帶來錐心刺骨的痛苦，公東校友回憶，神父仍住在宿舍的那段日子，夜半，他們經常忍著淚躲在被窩裡聽到神父自三樓小房間裡傳來的無助哀號。

在聖母醫院服務的美籍馬修女更記得，錫神父住院時，嗎啡仍是管制藥品，但每回只要藥效一過，這鐵漢會痛到失態地將嗎啡針自修女手上搶過來往自己身上戳。這位修女更記得，錫神父即使住院，但只要能動，仍常不聽勸告地騎車外出，回學校辦公或者去探訪教友，虛到不行的他，往往連摩托車也無力發動。有回馬修女又看到他的病人在門外發動車子，心疼神父又無力勸阻的她，那回幾近發飆、無法自持地對旁觀的人叫道：你們哪個傢伙出去幫他把那該死的摩托車發動一下！

看著我長大的蔡修女，對我描述錫神父再也無法出院的那夜情景：

仍是冬季的晚間九點多鐘，蔡修女聽到錫神父熟悉的摩托車熄火聲，心中凜然，這麼冷的天，神父又不假外出？她不放心地自辦公室走出。

走道上，錫神父正打外面進來，一看見修女，安全帽仍未摘下的他突然站住，雙眼放出生命已到盡頭的絕望。

蔡修女為神父這赤裸流露，尷尬地不知所措。在她做出任何反應前，神父高大的身軀突如山崩般地在她面前倒下，那安全帽撞擊地面的聲音足夠讓院內所有病人驚醒。

自此，錫神父再沒出過院。

就在錫神父逝世前一星期，嘉得又收到錫神父的信，信封郵戳為該年的三月二十一日。這封以英文寫的信，這樣寫到：

謝謝你那麼多封信和祝福。

我此刻大部分的時間都在醫院裡。

上帝祝福你

錫質平神父

（此信未署年、月、日）

嘉得後來再收到的信，就是校友告知他錫神父過世的消息。

「一粒麥子若是不死，仍只是一粒麥子……」

錫神父最後在醫院那段日子，整天都有陪伴他的人，就連校長與老師都來為他做腳底按摩，期間，卻發生了一件幾乎沒人知道，連天使都要掉淚的事。

為錫神父工作多年、山東籍的徐培基先生，當年由於會說日語而為錫神父擔任原住民傳教翻譯，以後更進而成為錫神父的祕書。錫神父在聖母醫院期間，徐先生天天帶著補給品去探望他。某日徐先生到來時，竟發現神父大小便失禁，又因無法處理而尷尬不已。徐先生以近乎哀求的口吻要求神父讓他來幫忙。徐先生將神父骯髒的衣物全部脫下，將神父抱上輪椅，推往浴室龍頭下為錫神父細心擦洗。

這會不會是這終身不麻煩別人的神父在人間的最後功課？這一心將自己奉獻給別人的大漢是不是終得學習放下所有自尊、接受別人的服務？

我在《海岸山脈的瑞士人》書中提到徐先生與錫神父的情誼：

擔任錫神父的翻譯而與他成為忘年之交的徐先生告訴我，錫神父在聖母醫院最後兩個星期，每天仍記掛著公東高工的學子，不時叫學生到病床邊，一一問候鼓勵。某天，徐先生突然接獲神父的電話，希望能到他家吃頓最愛的餃子。每天給錫神父送補給品的徐先生，於是將神父接回家用餐，回到醫院時，錫神父問老朋友是否還有時間？他想坐著輪椅在醫院四周逛逛。錫神父像回首往事般，一一說著眼前的房子什麼時候蓋的，不遠處那座樓又是什麼時候興建的，最後錫神父認真地感謝與徐先生幾十年的友誼，送他一只刻有感謝字樣的金戒指。兩天後，錫神父與世長辭，病逝在他奉獻大半生的臺東縣。

從花蓮及時趕到臺東為錫神父送終的單主教，在神父過世後以顫抖的手打開錫神父的遺囑，短短的一張紙上，只寫著希望能葬在大武鄉南興村的遺願，再沒有隻字半語。魏主安神父回憶，距錫神父逝世前五天，錫神父親口對老友說，一切事業對他來說都無足誇耀，但讓他最引以為榮，且能夠向天主交代的，就是大武南興鄉的規畫。

原來錫神父當年的傳教大業就是從這開始。一位家住南興村的排灣族頭目，在錫神父初到臺東時，登門造訪，希望錫神父能到他的村落傳授天主教的道理，錫神父自此與南興村頭目劉家成為好友，老頭目過世前邀請錫神父有天能與他一起葬在劉家在南興的祖墳地，這沒有太多人知道的承諾，錫神父卻在遺囑裡清楚交代。

在此之前，頭目的長孫劉德仁先生卻與神父有段眾人皆知，浪子回頭的故事。劉先生那一段受錫神父感召的過程，絕對值得所有教育工作者借鏡。

德仁的故事

德仁（劉先生）的父親，南興村頭目的長子，從前在成功任公務員，這位受日本教育的青年雖然從小就與別人有媒妁之言，成年後卻不遵循傳統，在成功鎮與一位阿美族小姐自由戀愛，且不顧家人反對的同居起來，還先後生下了德仁與他的弟弟。

然而劉氏家族的人硬是不同意他們在一起，某日德仁的祖母與姑姑趁生母不在家時，偷偷地將德仁兄弟抱走。返家後的母親發現孩子不見了，發狂般地四處找人，得知孩子被先生的家人抱走後，依然年輕的母親終於心碎絕望地與自己的先生斷絕關係。

從小在南興祖父家長大的德仁，沒有母親的相陪，自小就是個周旋在各個親戚家的問題兒童。十一歲那年德仁父親過世，對這個性格乖戾的兒子無從管教的父親，在臨終前對德仁說，未來，你要不就做個大好人，不然就去當個黑道大哥。

當年，都已十三歲卻仍停讀在小學三年級，換了六所學校都無法畢業的德仁，在父親故去後更不堪管教。在得知家族準備瓜分德仁父親的撫卹金時，錫神父出面制止，言明這錢得留下給德仁做教育費。當整個家族對這半大不小的孩子徹底絕望時，錫神父二話不說，把德仁帶到臺東的培質院，除了供他繼續念書，更希望在培質院能受到神父的照管。

惡習難改的德仁，除了不好好讀書，每晚還偷跑出去看電影，回憶過往，已垂垂老矣的他笑著對我說，有回他竟將培質院院長，以脾氣見好的布培信神父氣得渾身發抖，賞了他一耳光。

培質院所有的人，三不五時地找錫神父告狀，當錫神父知道培質院再也容不下這到處搗蛋的孩子時，親自來將他帶走。

包括神父在內的工作人員，慎重警告錫神父這孩子已無可救藥，繼續照顧他簡直是禍害，然而錫神父總大手一揮地說：「算了吧！我小時候比他還皮。」

跟著錫神父走的德仁，後來與神父同住。錫神父從不罵他，還耐心地跟他說離開培質院不是他的問題，但他的行為已造成別人的困擾。錫神父對與他同住的德仁唯一的要求是：不可以偷跑去看電影。「你要看電影，我給你錢，但你要跟我講，回來時更要跟我報告。」此時正值錫神父在臺東大興土木的開教時期，不放心德仁一

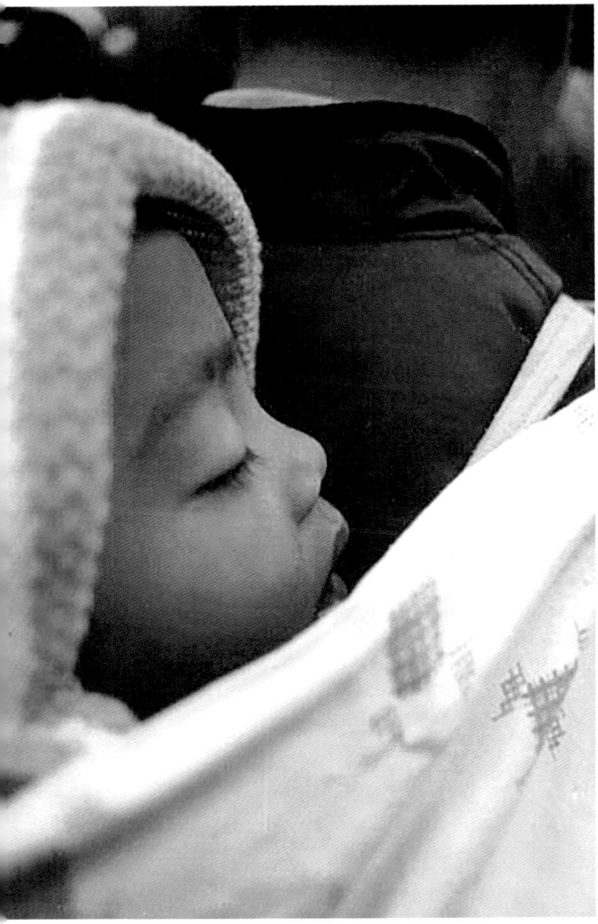

錫神父在南興教堂開會的情景，讓人想到他不當神父就當軍人的說法。（右上）

教廷駐華大使、吉立友公使拜訪公東高工，錫神父特別展示學生的作品，此時我們才知身為神父的他也是一位教育工作者。（右下）

錫神父葬禮上這名在父親背後安睡的孩童，不知那甫與人間告別的異邦人不但是偉大的聖者，更是如慈父般的仁者。（公東高工提供）（左上）

我對錫神父的印象整個改觀來自劉德仁先生的分享（注）。那一個炙熱午後，我騎著腳踏車前來拜訪老病纏身的他，由於劉先生體弱又重聽，我的訪談相當不順利，直到妻子杜桂月大姊在他耳畔大聲提示錫神父帶他找媽媽的往事，他疲憊的雙眼終於露出了光彩，我猶如考古般全神貫注，詳敲每一個細節。我問劉先生，在他童年失怙的心中，是否曾經幻想錫神父是他的父親？「他就是我父親！」劉先生毫不遲疑地回答。

挖到這故事的當天下午，內心澎湃不已地騎著腳踏車在臺東市區亂逛，我為這昔日鮮有人踏上的化外之境裡，竟有一位不為人知的聖者深感震撼。

（注）劉德仁先生已於數年前過世。

人在家的錫神父，常常要他坐上摩托車後座，載著他到處跑，然而德仁就是這麼不懂事地依然故我。

讓一位外籍神父照顧一個半大不小的孩子，真是為難，錫神父百忙中仍處心積慮地思索如何教育這孩子。有天，神父如往常般地叫德仁上車，什麼也不說便一路往北騎去。抵達成功鎮後，神父遞給德仁一張紙條，上面寫著一位女士的名字地址，教他怎麼找，自己卻在巷口等候。不一會兒，德仁跑了回來，說那人不在。

兩週後，神父又將德仁載往同一地點，又是同樣一張紙條，神父依然在巷口等他。

德仁快樂地拿著紙條就跑，到了同一地點，他大聲呼喚紙條上女士的名字。一位陌生女子出來應門，問這孩子找她有什麼事。德仁大惑不解地說，不知道，他是聽從一位神父的指示來找她。

陌生女子細看這少年，突然像發了狂似地嚎哮起來，她緊抱著眼前的少年，激動得無法自已。德仁依然記得，那女子抱著她哭了好久，好久，等到終於可以控制住自己情緒後，婦人溫柔問道，誰送他來的？德仁據實回答：「錫神父，他就在巷口等著。」

婦人牽著德仁的手一路往神父走來，看到神父，她又不能自已地哭了起來，直跟神父說對不起，她沒有辦法照顧這孩子，神父竟把他照養得這麼好。

突然明白一切的德仁，一句話也不說地掉頭就走，回程路上，他們倆誰也不開口。

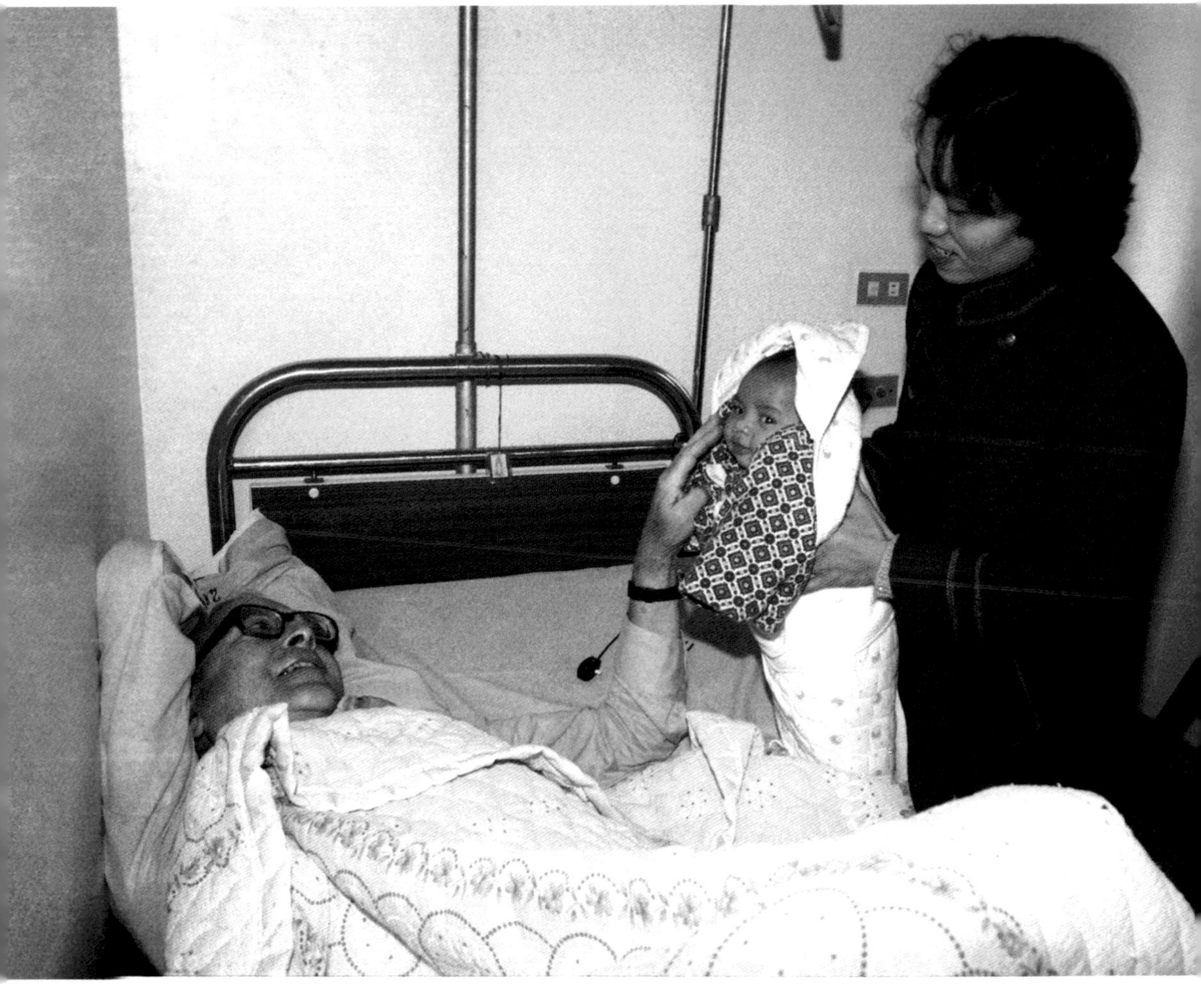

德仁的孩子

認識錫神父的人，大多知道這一段浪子回頭的故事，卻罕有人知曉，為了教育德仁，錫神父花了多少工夫。我也是從劉德仁先生那聽他親口講述錫神父帶他去找母親的過程後，深受震撼，決定寫出錫神父的故事。錫神父在聖母醫院最後期間，德仁的妻子杜桂月大姊，帶著他們的孩子前來醫院探訪這位在德仁心中有如自己父親的神父。（攝影/林至柔修士）

回到教堂宿舍，神父將一臉緊繃的德仁抓到身邊，如慈父般地看著他的眼睛說：「孩子，你有位愛你的媽媽，你在這世界上並不孤獨。大人的世界有很多不好說的事，有天長大了，你自己做判斷。」一句話也不說的德仁再也忍不住地抱著神父嚎啕大哭。

劉先生在神父的栽培下，一路讀到輔仁大學法律系，大學時更不顧家族的反對，硬是將生母接了回來，這回又是錫神父鼎力相助，讓他們母子倆住在教堂附屬宿舍，更安排劉母為白冷會神父做事賺取生活費。劉先生後來在賓茂國中教書整整三十年直到退休，期間他娶妻生子，一直奉養母親到過世。

「那些以善良和誠實的心傾聽天主聖言，並把這話保存起來，以堅忍結出果實的人真是有福。」

入地的麥子

一九八五年四月十三日，那個沒有陽光、冬天仍徘徊不去的日子，公東高工為錫神父舉行告別式。公東的操場，擠滿了來送錫神父最後一程的人，他們有達官、貴

錫神父的葬禮

曾有公東校友回憶，當他一見到錫神父的棺木自校門口進來時，就已難過得無法自持。也是要到那人終於消逝，眾人才明白，這與自己毫無血緣關係的外邦人，豐富了自己的生命。他們矜持的情感，在告別式那一刻全然決堤，悲慟逾恆。（公東高工提供）

人、顯要，更有無數平民百姓及身揹著幼兒的原住民婦女。

就像大部分的公東人，林一增教官在看到神父的棺木自校門口進來時，再也顧不了軍人形象地淚流滿面。

告別儀式過後，南興村的劉家人浩浩蕩蕩地為這來自天涯另一方的瑞士人，以大禮迎進自家的祖墳地，在劉氏私人墓園裡，其中為首的一座墳，就是他們稱為「錫公」的錫質平神父。

準備將公東教堂好好整修的公東高工，也準備將教堂下方錫神父的小房間還原，闢為神父的紀念室。我看見紙箱裡神父那幾件破舊不堪的衣物，心中無限感慨；原來這位天邊來的異鄉人，真是全然不為自己，連身體都視作肥料地給了這塊土地。

我隨手翻閱紙箱中一本神父留下的《聖經》，一打開，竟是〈瑪竇福音〉中，基督對天國的比喻：

「天國好比種子中最小的芥菜種，有人將它種在田裡，長大後卻比園中其他的菜都大，如同大樹，連天上的飛鳥都來棲息在它上面。天國又好像酵母，婦人取它來藏在麵粉裡，直到它全部發酵……」

錫質平神父好比那顆渺小的種子，在無數人心田裡，那正是一位來自天邊的異鄉人，以血肉一生耕耘出來的天國開端。

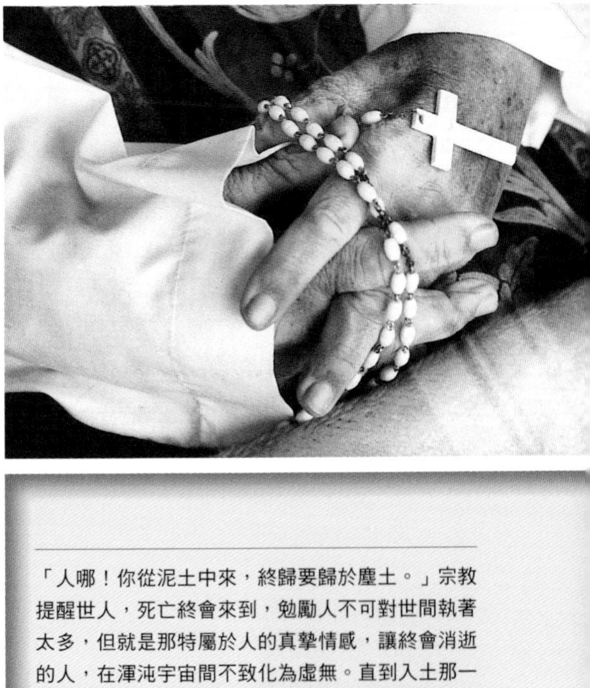

「人哪！你從泥土中來，終歸要歸於塵土。」宗教提醒世人，死亡終會來到，勉勵人不可對世間執著太多，但就是那特屬於人的真摯情感，讓終會消逝的人，在渾沌宇宙間不致化為虛無。直到入土那一剎那，眾人終於驚覺，這位天邊來的異鄉人將永遠向人間告別。「人能弘道，非道弘人。」錫質平神父猶如一粒落地的種子，長眠在臺東大武鄉南興村的劉氏家族墓園裡，成為海岸山脈的一部分。那渺小種子長成的大樹，在美麗的後山，依然庇蔭著當地子民。

口技達人
葛德神父
（Gaessnar Evnst,1936~）

我很喜歡葛德神父，他除了會變魔術，還會學各種鳥叫，我們幾個大人常被他神乎其技的口技逗得目瞪口呆。一九六三年就到臺灣的葛德神父，在東部已服務了近半世紀，至今，他仍是騎著那台老摩托車，在東部山區與海岸奔波，那呼嘯而去的身影已是東海岸風景的一部分。

翻閱他的老照片，我們看到一位外邦人一路從青年到年老的過程，那是部深刻而動人的生命之書。看著照片，葛德神父與我提到初到臺灣的種種，其中一個有趣故事是關於被尊稱為「蘭嶼之父」的紀守常神父。

葛德神父說紀神父是位率真的性情中人，往往人未到，輕快的歌聲先一步傳來。有回，他與紀神父相約一起前往利吉探望教友。葛德神父在沒有便橋的溪畔等待紀神父多日，卻一直不見他的蹤影，當紀神父終於出現，卻連一句解釋都沒有，只大手一揮地對他說：「你可以回家了！」語畢就獨自跳入水中。

身為男子漢，葛德神父不甘示弱也跟著跳下水去，在溪中游了大半天後，他卻發現自己依然在原地打轉，而紀神父早已上岸，往目的地奔去。葛德神父笑著對我說，就為了逞強、好面子，他那回差點淹死。

年輕的葛德神父

葛德神父初到臺東時可是位大帥哥，近半世紀的時光，將瀟灑少年郎陶鍊成淳厚的長者。葛德神父踏遍了整個海岸山脈，圖為他在湍急溪流上的便橋留影。（白冷會提供）

愛孩子的葛德神父

我很喜歡葛德神父，多次與他分享信仰，葛神父總會直接說出他的想法，而不會站在教會立場，講一些冠冕堂皇的道理。他告訴我他非常喜歡小孩，如果選擇婚姻生活，他會生很多、很多小孩。 葛德神父二十七歲那年來到臺東，轉眼間，四十多年的時光過去了，年輕的小夥子也步入垂暮之年。

葛德神父的弟弟與舅舅也是白冷會士，都曾在臺東服務。

四十多年前的東部，醫療無法與今日相比，葛德神父與白冷會士們以一己棉薄之力不知挽救了多少生命。

葛德神父說某年深夜，有人在門外急促敲門，原來是鹿野村一戶教友懇請神父為他病重的女兒做傅油聖事[3]。神父起身穿衣後，與這位心碎的父親回到家，在看到這女孩後，葛德神父堅持送這女孩上醫院，靦腆的父親卻說家中沒錢，在神父的勸說下，葛德神父載著這女孩和後面保護她的父親，沿著不好走的山路及海岸線往臺東狂奔。在抵達神父好友，彼時仍在臺東執業的鄧外科診所後，確定為盲腸炎，沒有護士在旁的醫生直接吩咐葛德神父充當助手，開始動刀。還來不及反應，鄧大夫已當著他的面，直接將那女孩的肚皮剖開。

手術完成後，鄧醫生向他致謝，葛德神父卻一直不好意思跟他說，整個手術期間，他的雙腳雙手一直在發抖，且不斷祈禱，自己千萬不能昏倒……

葛德神父的教堂位於美麗的東河鄉東河村，對於當地的教友而言，神父已是他們家族的一份子，除了東河，他還兼管蘭嶼天主堂。冬天，東北季風吹起時，由於風浪過大，整個海空交通停擺，葛德神父常常被困在蘭嶼島上好幾個月，回不了東河。

我們要如何為自己的生命定義？

是累積更多財富、更多權勢，還是更多頭銜？東河天主堂另一位修道人——池作

3. 天主教會七大聖事之一，病人臨終前得實行的傅油聖事，象徵將病人托付給天主，祈求祂賜與安慰與拯救。

基神父，當年在癌末病危時，拚著老命都要從瑞士趕回臺東，他要長眠在自己的故鄉，臺東這塊土地上。

我在東河天主堂後，可看見太平洋的花園平臺上，傾聽鳥叫聲，枝葉繁茂的植物，以及天空飄浮的雲彩，竟讓我覺得，此中一切，正是最動人的生命之歌。

葛德神父的弟弟與舅舅

葛神父的弟弟與舅舅也是神父，他的舅舅是滿海德神父（Rev Ernst Manhart,SMB,1905~1991），1957年抵達臺東，同樣在東部服務多年，最後長眠在小馬天主堂後的墓園裡。弟弟葛士義神父（Rev. Igo Gassner,SMB,1937~2021），1966年來到臺灣，1973年調回瑞士服務。（攝影/林至柔修士）

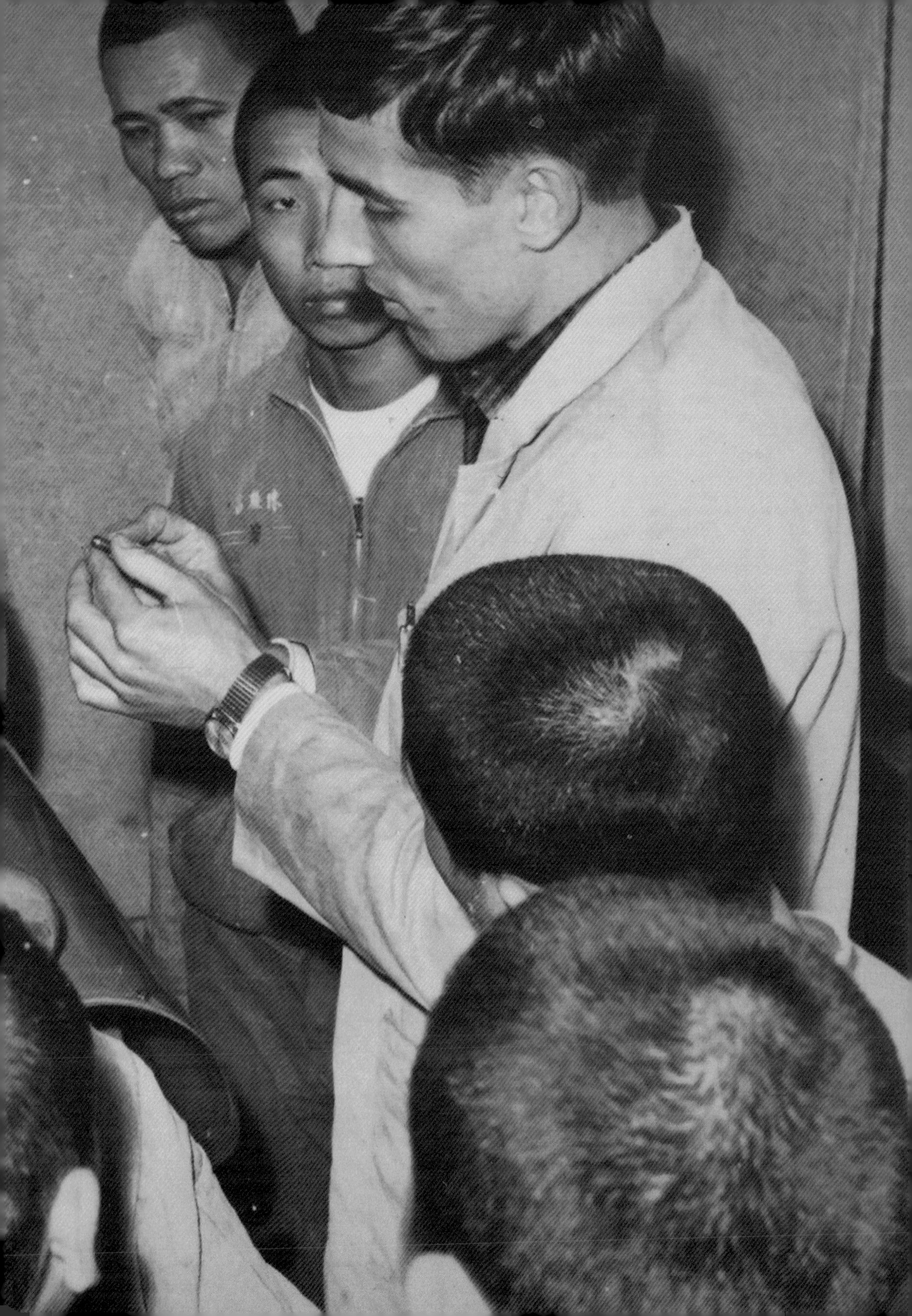

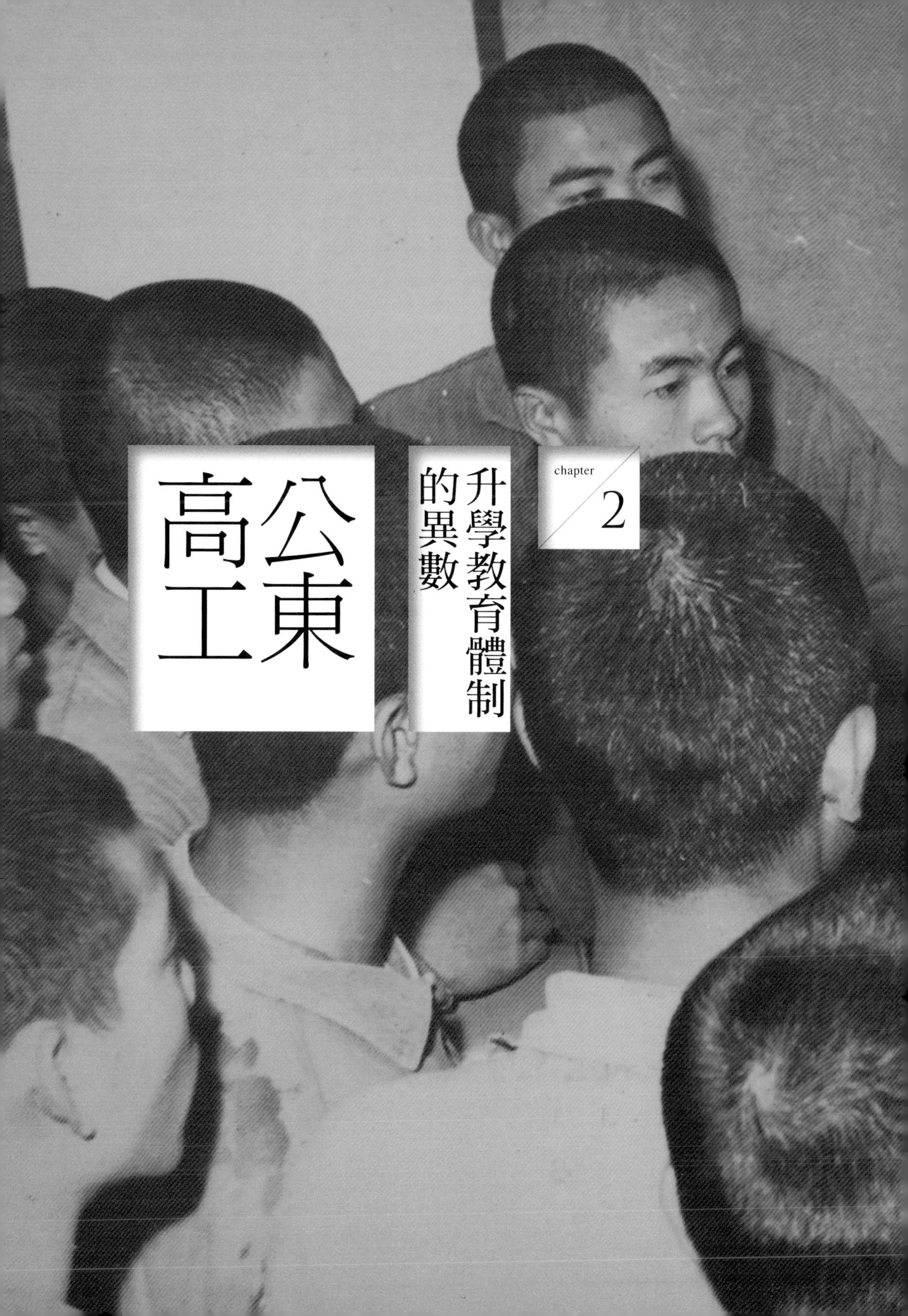

chapter 2

公東高工

升學教育體制的異數

臺灣教育史上的一頁傳奇

白冷會在臺東市杭州街的會院是棟漂亮的白色建築，會院裡除了聖堂、神父修士們的宿舍、餐廳、交誼廳，更有歐修士費心照顧的美麗花園。

每回返臺，我都會挪出時間到這幾天，那自成一格的天地，是一處可讓我放下一切的伊甸園。

幾位碩果僅存的白冷會士們，他們的低調與實在，在瞬息萬變的社會裡給我許多定力，我尤其感佩他們出自內心的慈愛。某回，我見到已有八十高齡的魏主安神父（Vonwyl Gottfried,1931~2022）耐心地與一位中年男子交談，歐修士悄悄告訴我，只有魏神父能應付他，原來那人有精神疾病，然而從一段距離外，我未見魏神父對他有一絲絲不耐，若是歐修士不說，我甚至以為他們是相交多年的朋友。

一星期才回來白冷會一次，在高雄桃源鄉服務的賈斯德神父已七十好幾，這位老人整天笑容滿面，像孩童般地對生活充滿熱情。幾年前重創臺灣的八八水災發生時，賈神父正在香港準備轉機回瑞士度假，一得知南臺灣災情嚴重，多年未返家的賈神父當下直接回轉臺灣，想盡辦法就近照顧無家可歸的教友。

有人為此戲稱賈神父是善良的牧人（天主教常把神父比喻為牧人，教友為羊群）。賈神父卻義正詞嚴地回答，他們是我的「家人」，不是「羊群」！羊都讓人

白冷會士

這張攝於1992年的照片，白冷會士人數還勉強保有雙位數，三十年後的今天，會士卻已落單。時間從不停留，白冷會高峰期的面貌，今日只能從院裡發黃的相簿中窺見。常駐於此的會士，也接受自己不再年輕，那段大夥齊心賣力付出的歲月終成翻頁的歷史。

前排左一的魏主安神父，左二的賈斯德神父，第二排右一的李懷仁神父，右二的薛弘道修士，右三的彭海曼神父，左二的于惠霖神父皆已離世。

掛念了，何況是親人？

賈神父那年與教友們在軍方臨時搭建的救災營舍裡整整住了半年，才一起重返家園。

星期一是四散於東海岸及高雄地區會士們團聚的日子。

這一天，僅存的幾位會士若不是有要事在身，大多會打外地回來，然而隨著會士們的凋零，本來總要開好幾桌吃飯的餐廳，現在往往一桌也坐不滿。

全盛時期，從各地回來的會士們還可以聚在一起打橋牌，此刻卻因人數太少而無法湊對，雖然如此，會士們都記得，打牌千萬別跟錫質平神父一起。據說，這位曾言明不當神父就當將領的神父，什麼事都不馬虎，就連打牌也是好勝心極強，讓與他搭配的會士玩興盡失。

老舊、但相當整潔的白冷會院裡，所有的家具，包括會士房間的桌椅、床鋪都是陳年古董。我曾問歐修士為什麼不隨著經濟步伐更新？

錫神父打橋牌

錫神父連玩遊戲都很認真，跟這種人玩牌，鐵定掃興。據說，他若打輸牌，還會耿耿於懷，一定要將輸牌的原因檢討出來。我不免幻想，若與錫神父玩牌，我不是硬要把他打敗，就是把牌往他頭上一扔，不玩了。（攝影/林至柔修士）
圖右為同樣長眠於臺東的郝道永神父。

公東高工第一屆畢業生

公東高工締造了臺灣教育史上一頁傳奇，半世紀前畢業的學子，今日已大多是花甲老人。美麗的教堂兼寢室大樓，在當年的東部海岸平原上，亮麗耀眼。時間像個篩子，雖然篩得很慢，但砂礫與鑽石絕不混淆。半世紀後的今天，公東高工強調扎實技術與背後渾厚無華的教育理念，對照一日數變，只能在形式面大作文章，卻無法在內涵與精神方面再做革新的臺灣教改，教人辛酸又心悸。（公東高工提供）

擔任總務的歐修士不假思索地回答：第一，東西沒壞。二來，新的不耐用。他隨手拿起餐廳的椅子，嚴肅地對我說，你瞧這些桌椅都是當年公東高工學生做的，會院裡的大部分門窗也是出自公東的木工科。我訝異萬分地端詳這些桌椅與門窗，才知道曾創出臺灣家具業一片天空的公東高工，學子們當年的手藝，真是名不虛傳。

然而不只是家具，當年公東高工所承接的業務，竟然還包括了全省各大醫院病床的設計製作。很難想像，這所偏處東部一隅的職業學校，當年不僅能生產製造，更可以應客戶需要而研發創新。時任公東焊接工廠主任的薛弘道修士說，他們當年除了設計製作龐大的病床與機器，也設計了不少生活實用品，而他最得意的一件作品是座精美的檯燈，不過在亮相後被譏為很像女性的豐滿乳房，讓他再也不敢使用，永留箱底。

才高中年紀的孩子就能生產精美的日常用品，就連升降自如的病床，從設計到製作、包裝，一貫作業，準時出貨，這樣的產能在今日聽來簡直像天方夜譚。

公東高工創建的理念

一九五二年就到臺灣的錫神父深感東部經濟困頓，嚴重影響居民生計，白冷會藉著傳教，雖然興建了大批學生宿舍，卻仍是緩不濟急，尤其在見到大批初中甚至小學畢業的孩子，在校內老師收取工廠紅包的陋習下，成班、成批地被送到西部的工廠做學徒。錫神父為那些正在發育的孩子在惡劣環境中工作深感痛心，更讓他不捨的是，在沒有完善制度的工廠裡，那群孩子即使連技術也學不好。

為了讓孩子們受教育兼習一技之長，錫神父將德語系行之有年的「二元教育系統」（Dual Educational System）引進公東。

二元教學系統有點類似臺灣早期的職業學校，但不同的是，它更強調學生的技術磨練。所謂的「二元」就是學生往往得在兩個不同地點上課，它們的課程因行業不同而有不同設計，例如有的在工廠實習訓練三天，另外兩天則在學校學習專業及一般學科。德國在第二次世界大戰後，成功的運用這二元教育系統，讓經濟迅速恢復、崛起。

二元教學系統從工業、商業，至服務業無所不包，迄今德國的BMW汽車公司與西門子公司，仍僱用從這教育系統中訓練出來的專業人員。由於這教育系統背後有德語系講究實在、實用的文化為基礎，政府教育部門做後盾，無論是教學品質及學生實習就業上，都受到嚴格的監督與保護，不似我們國內早期與廠商建教合作的職校，學生往往淪為廉價勞工，身、心、靈各方面都沒有保障。

在這二元教學系統中，另一個世界各地少見的學制是這系統獨有的學徒教學制——技藝學校（Hand werker Schule），在這系統中培育出的學子，由於非常注重術科實習訓練，幾乎一畢業就可直接上線，在工作單位上獨立作業。在瑞士有悠久

公東以嚴格的技術訓練出名，早期學生一律住校且以軍事化管理，每一位學子的被褥摺疊得跟豆腐乾一樣。許多已過花甲之年的學生都記得，律己甚嚴的錫神父常把摺不好的被子直接從樓上扔下來，他們卻不記恨反而信誓旦旦地認為技術強調的就是精確，本就該從日常生活做起。（公東高工提供）

歷史的技藝學校，更讓瑞士有高品質的產能及平均相當高的國民所得。

錫神父就是要將這二元教育系統中獨特的「技藝學校——學徒教育制」引進公東。

一九五八年，瑞士工會及社會組織募捐了十五萬瑞士法郎作為公東高工的工廠基金，然而教育部並不同意錫神父成立瑞士體系的技藝學校，直言只有與高級技術中等學校合併方有可能。雖然教育部不支持，錫神父仍開始了他的創校大計，他首先成立的是十人一班的木工學徒班及只有兩人的鉗工班。是年九月，公東入學考試結束後，抱著為技職教育探索新方向的教育部最後同意了立校專案。

以瑞士技藝學校設計的課程，理論課由本地老師擔任，實習課則由有奉獻精神的瑞士老師擔任，每班學生人數限制在十人以下，工廠的實習課由教育部所規定的十五小時增加到三十二個小時，而機工的教育期限也延長到四年。

錫神父將這務實的教育系統引進臺灣，勢必引起相當大的文化衝擊，然而錫神父從未因強調技術訓練而輕學術，他所秉持的概念很簡單，那就是學好技術，未來仍可繼續深造，而錫神父在協助學子進修深造上確實不遺餘力，許多公東學子在畢業後，經由神父的幫忙陸續到歐美深造，回來貢獻所學，有的甚至成為國立大學的教授。

在臺灣東部實行瑞士的學徒制教育，非常不易，因為公東背後沒有政府及廠商的

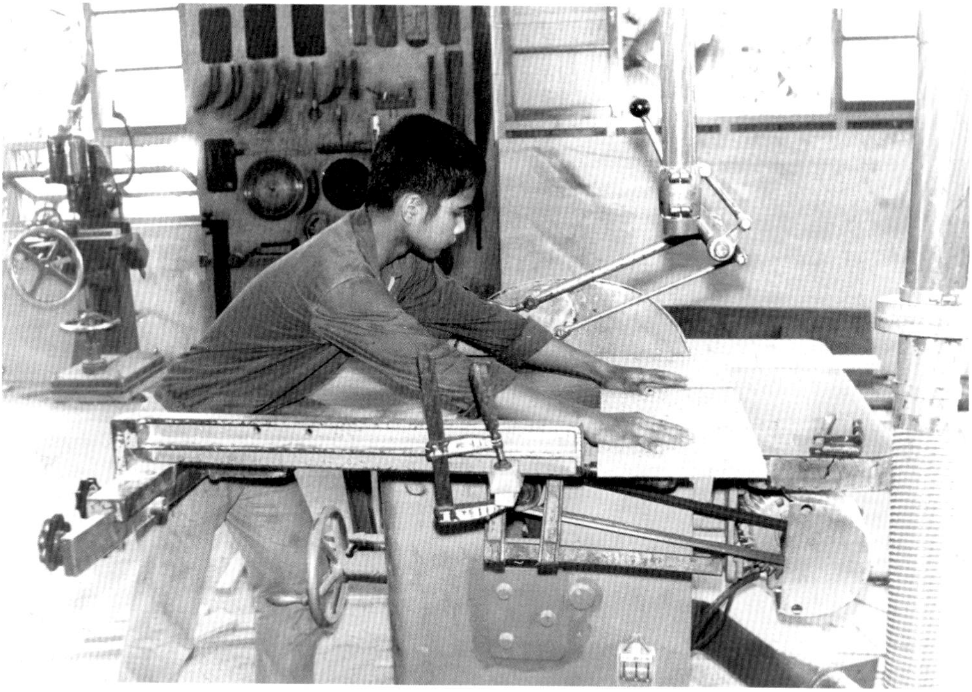

公東學徒班的孩子

早在公東成立前就已有學徒班。1958年成立的學徒班，一班僅收七到八名學生，招收對象以原住民小學畢業生為主。白天術科，晚間學科，為期三年的技術訓練課程，食宿學費全由白冷會負擔。據說，學徒班畢業的孩子，畢業後技術水平全然不亞於瑞士訓練出的學徒。經濟發達的今日，端詳這發黃照片，教人肅然起敬。曾引起全球刮目相看的臺灣經濟奇蹟，大多就是靠這些默默地勤奮學習與工作的渺小人物達成，此言不虛，當年公東學徒班畢業的孩子，今日有的已是董事長和專業設計師。基督信仰一再闡明，人生難若登山，錫神父與白冷會弟兄，從一開始就與弱勢站在一起，提供他們釣竿，憑自己的努力改善自身生活。（公東高工提供）

五十年前的臺灣民生資源有限，許多人無法接受教育，尤其是後山東部，原住民為生活所迫，大多連小學都無法畢業。富裕後的臺灣竟被膚淺消費文化充斥，名牌服飾與包包豈能妝點人的靈魂？錫神父當年辦學的教育理念非常單純，他曾言：「我要孩子們出來就能工作，養自己、養家、服務人群。」昔日家徒四壁的小孩，只要有機會學得技藝，終能有尊嚴又踏實的改善生活與環境。（公東高工提供）

支持，學校財政除了學生所繳的學費外，幾乎全靠錫神父出面募款。

為了深化學生的技術訓練，公東高工自一九五八年至一九七四年，前後有二十一位來自德國、瑞士、奧地利領有專業證照的技術老師，不支薪地前來支援學校的工廠實習，可以想見這幾位連國語都不太會說的老外在這教學會是多麼不易。時任焊接工廠主任的薛弘道修士，總笑著回憶那些雞同鴨講的趣事，他說來自德國易慕道老師（Imohl Reinhard，一九六五～一九六九任教機工科），每回在示範刨刀器具時，由於語言不通，都要比手畫腳地發出「乒、乒」（木頭要刨得平）之音，好讓人明白他的要求究竟是什麼。由於是比照著做的實習訓練，語言畢竟不是最大的問題，倒是要這群老外修改學生以中文寫的實習報告，真讓他們傷透了腦筋。

這幾位已成往事的實習老師，當年都有中文名字。有趣的是，這些名字有的還取得非常道地，例如，中樹德（Schawalder Kurt，瑞士籍，一九六一～一九六九任職機工科）、谷振東（Cuennet Francis，瑞士籍，一九六一～一九六六任職木工科）、王勵行（Wallimann Alois，瑞士籍，一九六二～一九六七任職木工科）、徐務本（Segerer Hubert.vu 西德籍，一九七〇～一九七二任職木工科），根本無法從名字上認出他們是洋人。

來臺灣教學的外籍老師大多具有宗教情懷，當年的公東校長黃清泰先生在瑞士考察時，還特地去拜訪幾位從公東返國的老師，竟發現斐德林（Scherling Alfred，奧地利籍，一九六五～一九六九任職木工科）及白若瑟（Betschart Martin，瑞士籍，

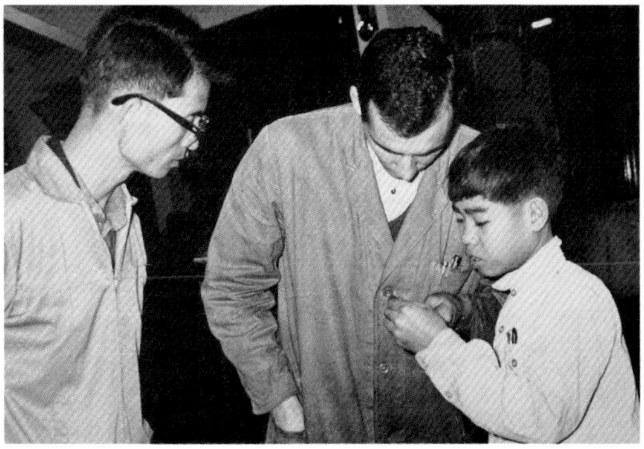

海樂老師與學生

德國籍的海樂老師（Heller Wolfgang）畢業自德國法蘭克福工業大學，1966~1970年任教於公東機工科。公東教學以實際著稱，天氣炙熱時，學生們乾脆穿內衣上課。年紀輕輕就到遙遠東方來的異國老師，與毫無文化血緣的異鄉人傾力、無薪分享所學。這群異國青年，生命最燦爛的一段時光，竟然給了這言語不通的化外之境，為人高貴情操莫過於此。（公東高工提供）

外籍老師與小學徒

在那個民生落後的年代裡，白冷會弟兄不以理論批評、分析社會現象，只著手進行改善。依附在公東高工的學徒班，最後獨立成日後極著名的東區職訓中心，更大規模、有計畫地培育無法進入公東就讀的一般大眾，為臺灣就業市場做出極大貢獻。東區職訓中心的負責人是白冷會的雷化民神父（Franz Leimer, 1928~1997）。這位神父具悲劇色彩，據說他年邁的雙親當年就是退休後，仍不斷工作，只為賺取微薄酬勞，好寄給將自己奉獻給職訓中心的雷神父，然而雷神父對眼中低階勞工的摯愛與關心，最後卻演變成將自己擊潰的憤世嫉俗。東區職訓中心與公東學徒班，讓我們有機會得見臺灣如何從貧窮一路走來。當社會整體從貧窮進入富裕，回首流失的記憶，竟覺得在人生目標上，我們似乎迷失了方向。（白冷會提供）

一九六六～一九七〇任職木工科）兩位老師在返國後放棄了高薪的工作，分別在奧國及瑞士鄉間收容智障小孩，設庇護工廠，如父親般地照顧他們的生活起居。這位老校長當年深受震撼，還為文記錄了這國人難以想像的人文情懷。

公東高工強調實習的訓練培育出了許多好手，然而這注重實習的教育體制不時受到考驗，一九六六年一件不足為外人道的事件具體點出了這龐大的文化差異。

這沒有太多人知道的小事，卻讓我的老友歐斯定修士銘記一生，忘也忘不了。

一九六六年十一月二十五日這天，是歐修士與其他兩位修士發終生願的日子，對天主教修道人而言，這天一如婚姻大事般地重要，因為自即日起，他們要立誓有生之年永為修道人，不再反悔[4]。然而這麼重要的日子，白冷會卻無心慶祝，原來他們的會長吳博滿神父那天去公東開會後卻一路哭著回來。

那天校方的董事特別請彼時樞機于斌主教前來，想迫使公東高工升格為更高級的「專科學校」。席間吳博滿神父大力反對，對白冷會而言，公東高工本就是為了培育本地的技術人才而成立，從沒有升等為高等學府的打算，白冷會對公東高工的財力、物力、心力的投入已讓他們捉襟見肘，根本無力繼續「更上一層樓」。而另一個讓吳神父憂心的理由是，公東在各方面盡其所能以各種管道幫助程度不一的原住民學生入學，一旦高工升格為專科後，以原住民的條件，將更無法進入公東就讀。

這位以脾氣見好的神父，據說返抵會院後就深受委屈地向幾位發大願的修士哭著道歉，直言這麼重要的大喜日，他卻沒有任何心情為他們慶祝，為愁雲慘霧壓頂的

4. 加入天主教神職工作的人，在入修院後，開始發年數不等的暫願，學習做一位稱職的修道人，最後發終生大願，立定此生永為修道人，不再反悔。

專心的學生

學徒教育制，最講究的就是技術的傳承，就連一個小螺絲釘也不馬虎，這樣專注的「教」、「學」教人羨慕。從前公東扎扎實實的三十六個小時術科，外加十二小時的學科。除了躲不掉的三民主義，就連學科都是與術科有關，諸如木工數學、機工數學、車輪轉換等與術科相輔的課程。這樣訓練出來的學生，年紀輕輕就能獨立上線作業，而今公東的校友都說，現在的畢業生由於實習不夠，還得「繼續深造」才能上線。而公東那血濃於水的師徒倫理制度在得按表操課的教育部法令下變得蕩然無存。（公東高工提供）

會士很不明白中國人為什麼對教育如此不務實？他們更不明白這虛榮的升格背後究竟有沒有考慮到學生的需要？

「萬般皆下品，唯有讀書高」的士大夫心態仍普遍存在今日的教育文化裡，一種不能說破的「虛榮」仍瀰漫在體制間，甚至變本加厲。重學術、輕技術的極端升學主義，各種以競爭為美名的教育理念背後卻有個極不易為人識破，處心積慮要將別人踩在腳底下的可怖心態。

日後，總有人說這末「升格」的失誤得為公東高工日後招生困難負責，然而對出自日耳曼教育職工教育體系的白冷會士而言，有什麼能比改善實際生活的「教育」更重要？

打響機工科名號的一張訂單

公東自創校後就一直有學子在世界級的技能競賽中贏得重要獎項，就連遙遠的歐洲工業技職學校界，都知道天涯另一邊的臺灣，有個不容小覷的公東高工。

公東的木工科更是締造臺灣家具業一片天空的重要推手，據已故的黃國校友回憶，十年前，他在全世界各地最具代表性的家具展裡，都會碰見畢業自公東的校

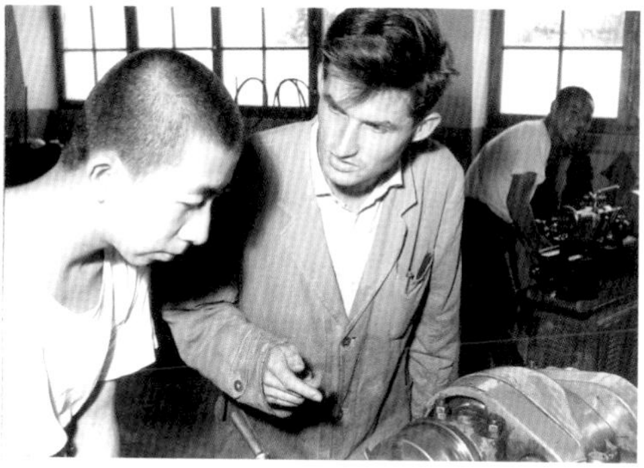

史天驕老師

瑞士籍的史天驕老師（Stolz Edwin），畢業自瑞士福隆非工校，1962~1967年任教於公東機工科。這幾位外籍老師與學生建立血濃於水的親密情感。公東高工非常重視工廠倫理，不以學歷、而以技術與經驗論高低，焊接工廠主任潘文生老師，僅是原住民小學畢業，但全校師生——尤其是工廠的實習學生，卻打心底尊重這位技術精良又負責任的老師。在校得讀四年的機工科，與讀三年的木工科，對術科的要求嚴格得嚇人，很多學子被留級竟是術科而不是學科不及格。這扎實訓練為公東掙來不少傲人成就，很多學生在校時期就在國際的比賽上屢獲金牌。（公東高工提供）

友，這些校友今日不是老闆就是公司的高階主管，然而在德語系的教學制度和錫神父薰陶下，公東人就是這麼低調，他們除了努力做事，壓根不想去炫耀這些成就。這些事業有成的校友雖然外語能力不見得流暢，但他們憑著技術走遍世界各地的自信，卻足以讓出自教育頂端，卻終日為不安全感縈繞的高學歷人士羨慕。

公東的木工科自創校以來就一直有承接校外業務的傳統，除了藉此補充學生的材料實習費，更可貼補學校運作及添購設備。但操作與學習起來更為複雜的機工科可就沒這麼幸運，這個一直被視為「黑手」粗活，上不了檯面的科別，在薛弘道修士到來後，有了不同的面貌。

二十歲那年加入白冷會的薛弘道修士，今日已是童山濯濯的老人，這位一九六七年就抵達臺東的修士，在臺灣已待了整整四十五個年頭。薛修士自小就在從事鐵匠行業的父親工廠幫忙，十六歲那年，他更與自己的父親簽約，開始在自家工廠當學徒，父親是老闆兼指導老師，除了在家裡學習技術，薛修士每個星期更要到職訓學校上課一天，學習相關理論與一些業務、記帳、管理等方面的課程。

一九六八年接下公東焊接工廠主任的薛修士，與即將離職的德籍易慕道老師總為機工科學生繳交的實習材料費兩個星期就花完而懊惱不已。這兩個當時剛三十歲出頭的小夥子，為如何充分利用學校先進設備，為學子賺得材料費兼實習訓練開始動腦筋，他們第一個點子就是可能會有銷路的醫院病床。

得知臺北耕莘醫院即將成立，易慕道老師特地北上，希望能承接醫院的病床製作

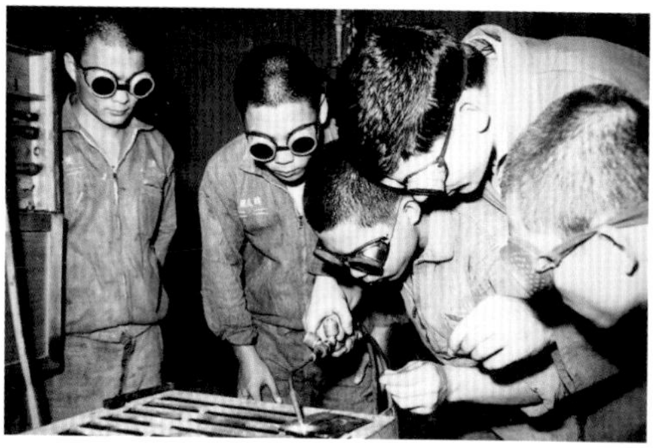

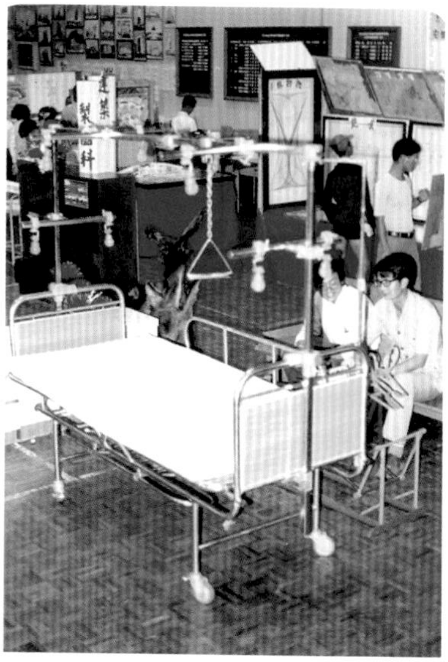

公東的病床

公東機工科生產的病床有口皆碑。今日大學生滿天下，卻不見得有能力入社會工作。一所職業學校，當年卻能從設計開發一貫作業，產銷先進的病床，真是教人訝異又感慨，圖為公東病床在成果展的照片。（公東高工提供）

易慕道老師與學生

德籍的易慕道老師，德國比格工專機械科畢業，1965~1969年任教於公東機工科。依然健在的易老師，這幾年在中國經濟較落後地區義務教導職工。這位德籍老師，為了籌措學生的實習材料費，建立了著名的公東病床製作業務，打響了公東機工科繼木工科之後的名號。影像中，四十多年前的易老師，仍是少年郎，文中提到他到臺北兜攬業務受挫，在旅館痛哭的故事，教人心疼又好笑，然而就是這真情奉獻，才成就了著名的公東高工。物換星移的今日，我們應能肯定，能成就世間大事的，就是這無私之心及其所秉持的觀念。（公東高工提供）

業務。然而接見他的醫院修女，對這金髮碧眼的年輕人相當不放心，幾乎懶得跟他討論。據說，這位一心為學子獻身的老師竟為這事在旅館裡挫折地大哭了一場，然而他仍不氣餒，再接再厲地尋求更高階人士幫忙。

這回易老師找的是出錢又出力、興建耕莘醫院的主教大人，直指同為教會單位，耕莘的修女卻一點也不支持他們。主教一聲令下，公東高工終於接到了這有一百四十張病床的業務。這些病床，其中有四十張床採用兩支螺桿設計，頭部與腳部可用手搖控制升降，所有病床由公東機工科自行設計製造，組裝交運則由焊接工廠負責。

這一批病床打響了公東機工科的名號，業界相當驚異這位於偏僻東部學校所生產的病床，品質竟能如此精良。

此後，臺東的聖母醫院、關山、彰化基督教醫院、花蓮門諾醫院、臺北榮總都來採購，為公東建立了不動如山的口碑。期間，薛修士更發揮創意，不斷研發改良病床設計（例如，婦科專用的產床）。在眾多病床承製中，薛修士接到最大的一筆訂單是來自臺北馬偕醫院竹圍分院，為數三百床，總價一百多萬元的病床製作。這批病床全部採用螺桿設計並加以改良，病床欄杆更以不鏽鋼材質製作，複雜而龐大的工程，就連當時的黃清泰校長也跨木工本行地參與設計。這項工程大部分工作由焊接班學徒完成，但最精密的螺桿幾乎全由公東學子操刀。為了有效使用材料，據說一直到螺桿完成前，原始材料還可先製作其他兩樣東西，最後才來製作桿軸，具體做到物盡其用。

2010年，公東高工慶祝建校五十週年，特別將易慕道老師（右二，右一為薛弘道修士，右三為魏主安神父）自德國請回，當年的年輕人，今日已是白髮蒼蒼的長者。不斷與現實搏鬥的生活裡，我們鮮少有時間、能力評估人生得失，然而當一些人自記憶深處走出，我們終能領會，服務他人的情懷，仍是有限人生最值得緬懷的記憶。（公東高工提供）

薛弘道修士與其他老師

薛弘道修士（左二）1968年來到公東，1969~1977年任教於公東機工科。薛修士在公東任教期間，除了教學也認真學習中國文化的待人處事態度，他告訴我一個真實故事：有回他將一位實習做得很差的學生抓來問話，但任憑他怎麼問，學生總是低頭不語。在瑞士，這是學生傲慢的反抗表示，這可讓這當時年輕的外國老師火冒三丈，就在他發火的時候，高大的學生竟開始低泣，薛修士嚇得從椅子上跳起來。
他事後得知，中國孩子低頭不語就是認錯，而非挑釁的表示。自那時起，他便入境隨俗地在對待學生上更加小心。圖最右邊的是瑞士籍的馬利民老師（Bertschy Marius)。畢業自瑞士伯恩工業學校的馬老師，1969~1975年任教於公東機工科。 左一是公東機工科畢業、已自秀水高工退休的李新興老師和右二梁世興老師。（公東高工提供）

我很難想像薛修士這靦腆的老外當年做業務員是什麼德行？薛修士笑著說為了節省成本，他還去不同的地方詢價，更學會了在瑞士從沒學過的「殺價」，有回他來到南京東路的一處材料行購買不鏽鋼，殺價時，老闆一直哀號這樣的價錢根本沒賺頭。完成交易後，薛修士充滿罪惡感地想趕緊逃離，卻被老闆硬留下吃飯，讓不熟悉這商場文化的瑞士人哭笑不得。

而最讓薛修士引以為傲的是學生們自行設計的車床，在社教館成品展中受到肯定，讓公東師生充滿了成就感。

曾與錫神父共事多年，我詢問薛修士對他的老闆——錫神父的觀感。我們的修士回答得很直接，他不是那麼喜歡他，因為錫神父對學校老師，尤其自己的會士要求很高，此外身為長上的錫神父不習慣表達情感，就像老一代的父親，錫神父鮮少讚美自家會士，更吝於鼓勵。

薛修士說他印象最深刻的一件事，是有回錫神父因買到便宜衛生紙，能為學校省錢而開心不已，然而薛修士為公東帶來龐大的業績卻沒有聽過神父半句肯定。我忍不住對他開玩笑說，你真是可憐的受虐兒。

就在我們結束這話題時，修士說錫神父最後在醫院期間，他從未去看他，他想反正拜訪錫神父的人一定不少，不缺他一個。然而當修士不復年輕的今日，他卻覺得當年是應該去探望他的。

徐益民老師

瑞士籍的徐老師，是公東第一批抵達的瑞士技師，1958~1962年在公東任教於木工科。我們從一部早期的紀錄片中，看見徐老師和其他的外國夥伴，如何細心地為學生示範，解釋木工卡榫的使用，這樣無私認真地教學與實習，難怪公東高工木工科，日後能締造臺灣家具業一片天空，遊走國際之間。（公東高工提供）

戴德夫老師

瑞士籍的戴老師（Desponds Francois），畢業自瑞士居理士省立工專機械科，1965~1968年任教於公東高工機工科。公東扎實的訓練讓業界往往驚訝萬分。在公東執教的蔡茂發老師仍記得，他當年自公東高工畢業保送臺北工專，暑假打工時，他的老闆暗中叫他過去，囑明他的薪水是工廠中最高的，但請他不要聲張。位於新竹觀音鄉的工廠老闆，訝異為什麼一位仍在就學的青年竟會有比資深師傅還高的技術。扎實的訓練為公東博得盛譽，當年學生還未畢業，外面就已有好幾個工作在等待。（公東高工提供）

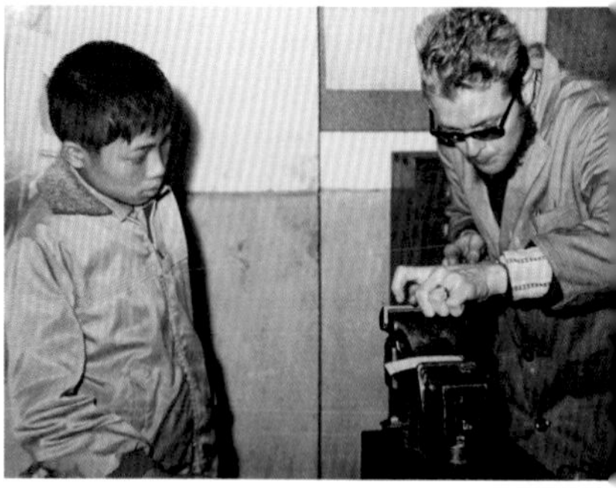

公東的外籍老師與學生

公東的外籍老師多具有基督信仰背景，這信仰為他們帶來成就他人的服務動力。孔子說：「道不遠人，人之為道而遠人，不可以為道。」在他們身上，我們具體觀得「道」的實踐。（公東高工提供）

時間如篩子，終能篩出精華

有關公東高工的技職教育，有這麼多深刻而美麗的故事，幾本書也寫不完，然而它們卻是那麼有趣，富有生命力，更教人回味，不似一般升學教育，往往只關注學測分數，如何擠進窄門，寒窗苦讀的歲月往往成為成年人終生擺脫不掉的夢魘。

差點被升學教育整個毀掉的公東高工，昔日辦學就是強調與生活結合的務實訓練，錫神父當年螳臂擋車，不惜與整個教育體制決裂的魄力更教人感嘆。

我在公東看到一塊斑駁木板，上面寫著校訓「實實在在的做人、實實在在的做事，工巧以穩，業精於勤」。心裡竟有種說不出來的荒涼感。盲目追逐高等教育，就是讓進入世界前五百名排行大學頂端的學子，也未必能享有「實實在在」的灑脫與自在。

就在「大學進入世界前五百大，重點大學五年五百億」的訴求人盡皆知時，臺北深夜捷運上仍有未返家的青少年學子，至於被升學擠到無立錐之地，壓迫到滅頂的慘事更時有所聞，這樣的教育指標究竟有什麼意義？

撫弄著當年由公東學子製作的白冷會巨大、精美厚實木門，我不禁默想，現今的主流教育究竟是讓學子孕育出更踏實、更開闊的生命視野，還是將為人的精神變得更狹隘、短視？

原住民的孩子在接受教育資源上本就較匱乏，公東高工，連兼辦的職訓中心，長期關注原住民孩子，這一張張學生們專注實習工作的舊照片，看得叫人鼻酸，他們是那麼專注於自己的學習與工作，如此務實的學習與訓練，不可能孕育出今日的草莓族。生命何其短暫，當一般大眾對高等教育頭銜如此在意、趨之若鶩時，我總覺得能憑雙手，耐力打造自己人生的學子，更教人尊敬。（公東高工提供）

公東校友多半認為壓死公東體系的最後一根稻草是高瞻遠矚，什麼都有意見的教育部。我很難想像，什麼樣的教育系統，會以學校有多少具博士學位的老師，與交出多少論文數量來評鑑大學的優異？象牙塔中堆砌象牙塔，莫過於此。
教育是文化傳承，也是塑造文化的堡壘，教育所有訴求，其實全反映自百姓的價值觀。當譴責教改成為一種全民運動，大部分人卻從不反省，就是萬般皆下品，唯有讀書高的優越價值觀，成就了今日的教改。
公東木工科的學子，全盛時期，在歐洲技職大賽中拿下包括有金牌的無數獎項，其中血汗絕不亞於寒窗苦讀的學子，然而與一般學子不同的是，他們的每一份付出，都來自實實在在的現在進行式，沒有空洞的目標與理論。（公東高工提供）

終日被不安全感驅使，成天為明天算計的「人生」，根本無法活在當下。

六〇年代的一個夏日，有位騎著摩托車的外國人在一位手拿鐮刀的孩子面前停下來，他關切地詢問這小童為什麼不去上學。孩子自卑地回答，家裡沒錢。與這小孩沒任何關連的外國人殷切地對小孩說，只要他願意上學，其他的事他會想辦法。這位當年在野地放牛的孩子，今日已成為受了高等教育的花蓮輔理主教。錫神父與其他白冷會士當年間接或直接地幫助了許多失學的孩子，然而他們從不期望這些孩子未來能高人一等，只希望他們能在自己的土地上真誠又認真地活出自己，服務別人。

時間像個篩子，在不止息擺盪中，它終能篩出一些值得珍藏的精華。公東高工那一頁不講究升學，卻講求實務訓練的瑞士技藝學校——學徒教育制度，在這日日更新，有著遠大教育目標，卻依然不務實的教育體制中，如暮鼓晨鐘般地發人深省。

錫神父帶領白冷會士和瑞士老師，當年以有限肉身以身力行，引進了一種全然不同於本地的教育制度，更為這士大夫觀念根深柢固的文化注入一股清流。他們當年堅拒不讓公東升格的觀念也許不切實際，甚至不識時務，然而發自他們內心的助人熱火依然讓人震撼莫名。

「撒種撒於清晨，撒種撒於日中，撒種撒於黃昏，勤墾撒善種，等候不久收割，等候豐盛收穫，攜回肥美嘉禾，將何等歡樂，攜回嘉美禾，攜回嘉美禾，將要何等歡樂，攜回嘉美禾，將何等歡樂，將何等歡樂，攜回肥美嘉禾，將何等歡樂。」

這是錫神父生前最喜歡的聖歌，也幾乎是公東的第二首校歌。公東高工全面引進瑞士技藝學校追求精確、效率、負責的精神。這首深受錫神父喜愛的歌曲也將公東務實的教學精神表露無遺。如果沒有人生產實用的器具用品，我們將無法生活。（公東高工提供）

那一位與自己全無文化血緣的異鄉人，當年在路邊對一位手持鐮刀、弱小孩童的承諾，竟改變了他的一生。

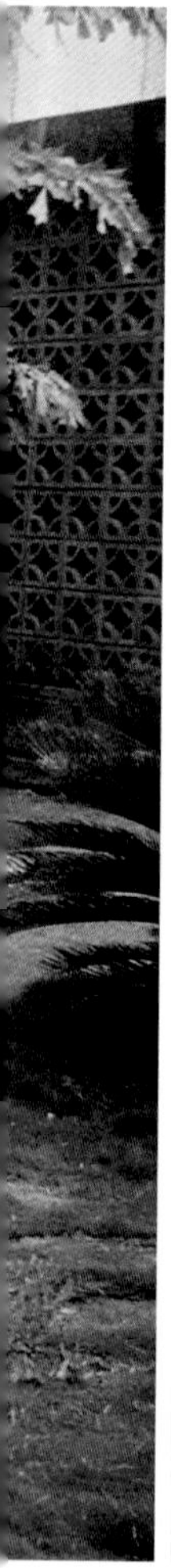

載譽歸國

公東高工創校至今，在國際技能競賽中共拿下15面金牌、10面銀牌及5面銅牌。國內學生技能競賽方面，更拿下86面金牌、82面銀牌、80面銅牌，68個優勝的輝煌記錄。

對於後山的東部，子弟兵出國競賽、載譽歸國、返鄉，是件驚天動地的大事，公東的學生代表，除了會親自到臺東火車站迎接，隨後更有像古時狀元郎的跨馬遊街活動，軍方有時也會出動吉普車，躬逢其盛地載著靦腆的青年走遍臺東大馬路，與地方父老分享他們的榮耀。這些狀元郎，返校前的最後一站都會來到位於市區的白冷會院。據說，院中的老神父，都會開心在會院等待，好似自家孩子自遠方掙得榮耀回來一樣，會得意個好幾天。（攝影/林至柔修士）

白冷會日趨凋零，公東高工隨著教育體制改變而走下坡，近年才又回生，然而我們從這些凍結影像中，仍驚見榮譽的可貴，那得獎的快樂如此真摯。而後山好兒郎到異國遠方，大顯奇技，奪金而回，也贏得了萬金買不到的自信與自尊。左一是仍在公東任教的施桂娥老師。 左三：廖朝景——1978年入學木工科、27屆（1983年）奧地利國際技能競賽家具木工金牌，保送師大工教系，目前任教於海青工商室設科。右三：李俊男——1977年入學木工科、12屆（1981年）門窗木工全國金牌。右四：邱垂昌——1978年入學木工科、13屆（1982年）建築木工全國金牌。
右一：蔡美英老師——當時的教務主任，目前已自臺東農工退休。（攝影/林至柔修士）

公東的工作服

公東實習工廠，除了嚴格管理，尤重倫理。據說每一次實習課，機器像沒人動過一樣。原來上一班的學生，在下課前一定會將機器還原。此外，所有的學生更要學習如何確實保養機器。難怪公東學子，當年一出校門就可上線，甚至會修理機器。臺灣教改，沒來由地一直鼓勵升學，就連公東的老師也感嘆，他們的畢業生就是升了學，也不見得能上線作業。（公東高工提供）

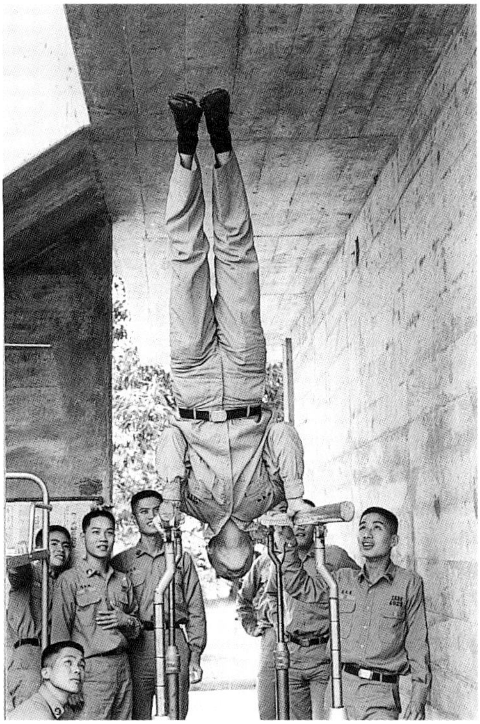

住校的學子

昔日公東的學子一律住校，就像所有的大孩子一樣，他們也有調皮搗蛋、青春的一面。就是這群住校的大男生，為我們開了一扇窗，讓我們有機會窺見錫神父柔情的一面。據說，這群大男孩，有時故意逗高大的錫神父，讓他一路從三樓寢室往下追著跑。錫神父也準備了許多類似跳棋的遊戲供他們課餘玩耍，更有校友為文，每到星期日，神父外出做彌撒，房間上鎖後，他們往往悵然若失，一直等到神父回來，他們才又再雀躍地擠進神父的小辦公室嬉耍。瑞士教育制度讓公東學子公私分明，他們上機時，機器旁邊的牆面上，都掛有工作中的標語牌，根本無暇閒談，閒暇時也確實放鬆。（公東高工提供）

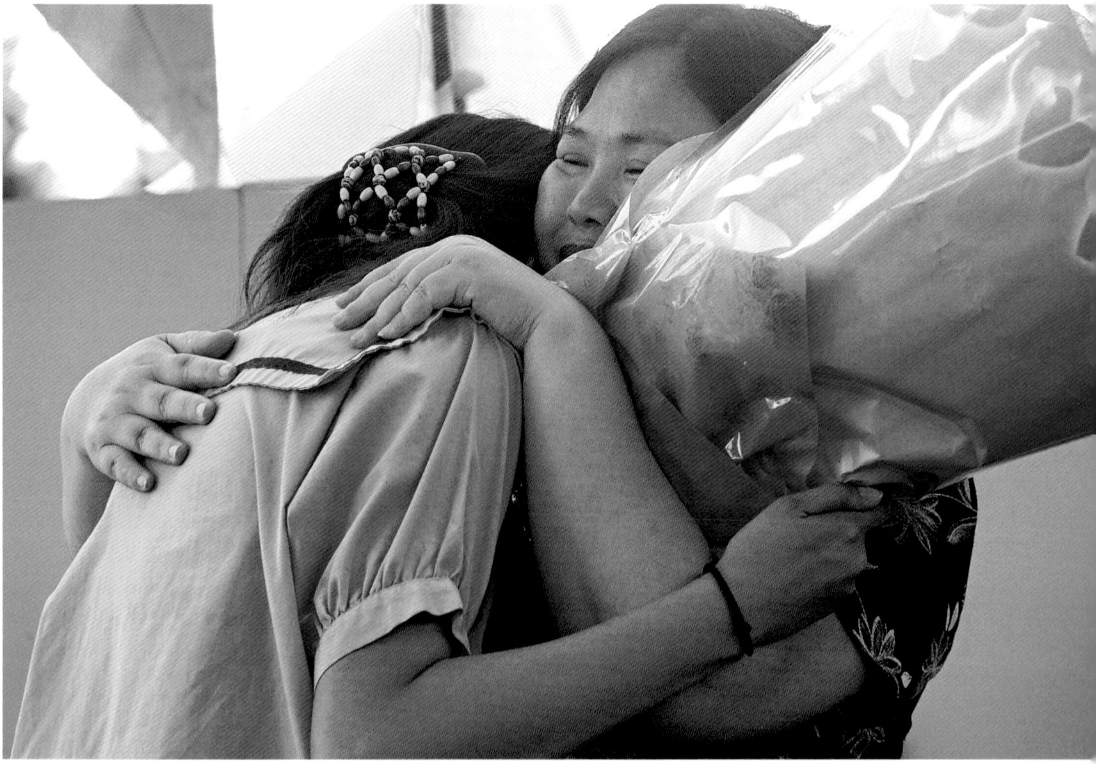

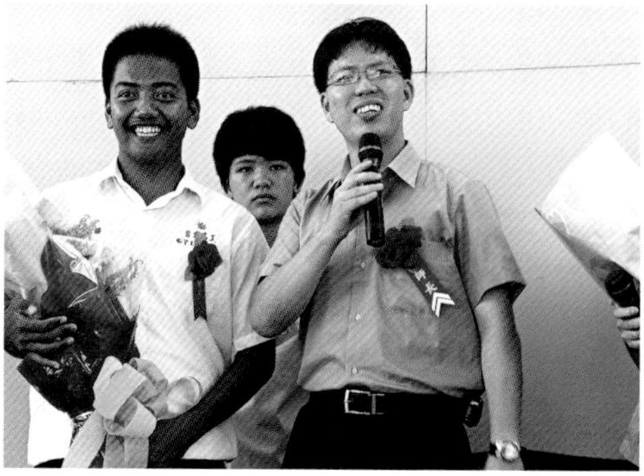

公東學子

與西部相較，東部的孩子向來較單純，雖然在教育資源方面也較缺乏，但他們抬頭就可看見青山，不用跑太遠就可以看到美麗的太平洋。

藉著教育，我們究竟要提供小孩什麼信念？如果說這一代的孩子是草莓，倒不如說大人給了他們一個只適合草莓生長的環境。一個人的價值觀通常在求學階段養成，然而我們鮮少質疑主流教育的價值取向，只與它見招拆招的起舞。

有個真實故事，值得反思：我有位在南部某國中任教的同學，有年在學生畢業前，將校長獎給了班上一位智障女生。提供獎項的校長，非常不以為然，請他說明，為何把獎給了個不會讀書的白痴？朋友非常氣憤校長以這字眼形容他的學生。他說，這女孩的確不會念書，但她從不遲到早退，每天早晚清掃，當所有的同學都在鬼混時，她卻認真做到底。他的班上可以維持一塵不染，每星期拿最佳整潔獎，就是因為這女孩一天到晚在維持。他更舉例，有時他中午上課延遲回到教室，這善良的學生，早將他的營養午餐備好，放在辦公桌上。

「會讀書考試沒什麼了不起，回家感謝自己的爸媽給自己一個會讀書的好腦袋即可，但憑什麼一位心地善良，且處處為人著想、服務別人的學生只因不會念書，而不能為人表率？」

公東高工是個小學校，師生間關係親密，這組攝自他們畢業典禮的照片，有幾位大女孩在說到老師的好時，竟哭了出來。下一代的作為與潛力，與我們息息相關。如果我們自己因循怠惰、不更新成長，憑什麼要求他們？

有人說：幸福就是能夠找到自己最喜歡獻身去做的事，並朝著這目標努力，就是花一輩子，未必能成功，但卻甘之如飴。教育應該是成就這幸福的訓練，而不是讓人在追求幸福的路徑上更加茫然。

老道的故事

薛弘道修士

（Laurenz Schelbert,1939~2022）

我並未打算單獨寫薛修士的故事，這篇文章絕對是意外的收穫。

由於書寫公東高工，我多次與修士討論，但仍僅限於修士在學校服務期間的書寫，並未涉及他個人領域。事實上，有時我挺受不了我們修士那犀利思緒（我們的修士精通各類中文輸入法……），和一些只有他自己覺得有趣的機鋒之語（也是拜中文造詣之深所賜）。然而在瑞士收集資料的相處中，我對薛修士有了更多的認識，而外號「老道」的薛修士，在瑞士期間如兄長般地將我這同樣不好惹的小老弟照顧得無微不至。在親訪修士故鄉，那些他視作理所當然，不值得一提的生命軌跡，在我眼裡卻如詩篇般美妙，也帶給我另類反省。

很長一段時期，我視修道人為擁有生命答案的不尋常人物，總另眼相待。後來，我竟覺得他們有時不食人間煙火、脫俗到比一般凡人還乏味。然而在與老道的相處中，我仍有幸窺見了修道人不凡之處，尤其可貴的是，那不凡信念，不只靠修士達成，而是他的親人。今年已七十三歲的修士[5]，應算是老年人了，然而天主教以兄弟（Brother）稱呼修士，就是這稱謂，拉近我們的距離，讓我覺得他們永遠不老，不似神父（Father，這翻譯真可怕，父親就算了，前面竟還加了個神字），讓人打心底自動保持距離（很多事你會與自己的哥兒們講，絕不會跟自己的父親說去）。

青年勞倫斯

我在瑞士白冷會發現這張薛修士年輕時的照片，修士靦腆地說，那是他到臺灣頭一年，剛從蘭嶼回來拍的照片。在一般人眼裡，這些立志修道，得守獨身誓願的修道人，選擇的是一個不可思議的人生。

照片裡的青年勞倫斯，讓人明瞭：讓這麼一位可愛孩子遠離故鄉，服務別人，對他們的父母是件多麼不捨的事。（白冷會提供）

5. 天主教隨著職位不同、而有不同職分級職，終身修士，不能像神父般的做彌撒、講道理、聽告解執行聖事。

老道與他的火鉗

我在老道的老家店面，拍下這張照片。老道父親的打鐵店，在父親過世後，由老道的弟弟經營，這哥倆久別重逢，在店裡細數當年的點點滴滴。

我很羨慕歐美社會對過往生活的尊重與珍惜，不似中國傳統，所謂底層階級總藉著求學、科舉、考試，攀升至另一個階層，最後卻完全脫離自己的原生地，不再提及。

在一番搜尋後，老道從牆壁上拿起這把火鉗，告訴我這是他當年通過學徒考試所製作的火鉗，上面還刻有1957年的字樣，他的老弟特別過來驗明正身，因為他當年也因為考試，而製作了一把相同式樣的火鉗，他要確定這把火鉗，究竟是誰所作。

老道在臺灣服務了近半世紀，從最早的公東焊接工廠，隨著社會轉型，轉向視聽節目製作，而在光啟社服務了多年，至今他仍活躍在工作崗位上。

薛弘道修士一九三九年出生於瑞士 Muotathal 山村，父母全為虔誠的天主教徒。身為長子，家中有弟妹五人。由於父親晚婚，身為長子的小勞倫斯（薛修士本名）自小就很得寵。十六歲那年，修士與經營打鐵行業的父親簽約，在店中幫忙，也展開了文前所提到的瑞士技藝學校——學徒教育制度。

小勞倫斯的父親自小總對他說，年輕人應趁著年輕出去闖闖。二十歲那年，年輕的勞倫斯在醫院服兵役期間，開始思考人生命題。在看了那麼多生死後，他突然很想修道，卻不敢向他人提及。服完兵役，回到家中，再度成為父親得力助手的他，修道的念頭卻愈來愈強烈，他終於鼓起勇氣對父親說，他想到外面的世界看看。

「你有毛病嗎？山上馬上就要蓋電廠，店裡有做不完的活，你到哪去找這麼好的工作機會？」父親非常不以為然地回答。

「你不是常說，年輕人應趁著年輕到外面闖一闖！」青年勞倫斯不甘示弱地回答。

「你老實說，你到底想幹嘛？」正在打鐵的父親停下了手中的活，不解地望著已成年的孩子。

「爸爸，我想去修道、當修士！」

聽到這話，父親手中的火鉗差點掉到地上。他深受震撼地看著自己的孩子，身為教徒，他對捐錢給遠方服務的傳教士向來不手軟，事實上他自己就訂有兩本分別是瑞士白冷會和德國聖言會[6]所辦的傳教雜誌。每回，他總為雜誌中傳教士奉獻自己，為人服務的故事感動不已，日夜為他們祈禱。他卻萬萬沒想到，當自己鍾愛的孩子要做傳教士時，身為父親，內心沒有絲毫喜悅，且竟是這種冷箭穿心的悲涼，

---

6. 十九世紀建立於荷蘭、但隸屬德國的天主教修會團體。北京及臺灣的輔仁大學，當年就是由這團體所創立。

他怎捨得把這孩子交給上帝，他還想看他成婚，從他手中捧得第一個孫子。
熊熊烈火的廠房，這時竟像冰窖一樣的酷寒，讓他無法呼吸地走了出去。

勞倫斯離家成為初學生，入白冷會那天，父親慎重地對他說，若他不喜歡這種生活，就隨時回來，家門永遠為他敞開。勞倫斯修士心中百感交集，他感謝父親的包容。不似一般修道者父母，若自家孩子有天反悔，不願再過奉獻生活，還俗返鄉將會遭人議論，極沒面子。有了父親的承諾，修士更義無反顧地勇往直前。

一九六七年八月，在入修道院七年，完成了所有訓練後，勞倫斯修士被派遣到東方的福爾摩沙，去那兒為該修會辦的工業職業學校服務。

臨別上船時，勞倫斯修士的父親對這天主的孩子說：「放心地去吧！把工作做好，不用惦記著我，因為我們不會再見面了！」

胸懷大志的修士對這句話並不在意，只覺得那是父親不捨的感傷言語。

在臺灣學國語時，勞倫斯從老師那得到「薛弘道」的中文名字，在啟用這名字後，他更確定，他將屬於這塊新天地，身為傳教士，那讓他魂縈牽掛、孕育他的瑞士家鄉終成客鄉。來臺第二年，薛修士仍在新竹修習中文課程時，收到家裡的電報，告知最疼他的父親因開刀麻醉失誤，在手術台上未再醒來，與世長辭……

我與修士來到他的家鄉，我們第一個抵達的地方是村中的教堂，我發覺他在教堂墓園某處墳前佇立良久，我躡手躡腳地挨近他身邊。

「這是我媽媽的墳，當年她病危時，我人在臺灣，無法趕回。」

我牽起老道的手，像握著一位兄長般地表達了我最深的敬意。

媽媽的墓園

多年沒有返鄉，老道來到山村墓園裡，媽媽的墳前，他細心地將母親墳墓周圍雜草拔除，整理一番。傳教士給人的印象向來是獨來獨往，直到這兒，我們才有機會看見，原來他們父母的大愛絕不亞於修道人本身，他們將孩子撫養成人，又無私地奉獻給上帝任祂差遣，去到異國遠方，為人服務。

chapter 3

公東的教堂

我很喜歡教堂，我覺得這處名為上帝之屋的地方很迷人，像是一個傳遞超自然訊息的古老象徵，教堂，是有限肉身通往無限精神領域的界面，在那個能跨越時空的靜謐空間裡，人會很自然地思索此生所為何來。

我從未嘗試以理性來分析為何喜歡教堂。身為藝術工作者，我很早就接受「創作力」是種不理性，來無影、去無蹤，無法掌控的自由能量。為此，就算拿著高科技iPod在教堂裡聆聽音樂，我也不覺得有衝突，甚至感謝這先進玩意，讓我在靜謐的空間裡更能移情幻想，沉醉其中。

雖未將對教堂的喜愛理性化，有點我卻非常堅持，那就是我無法忍受不「美」的教堂，更無法在一個醜陋的空間祈禱。

「公東的教堂」是座美麗的教堂。

公東校舍設計師
達興登

五〇年代末期，錫質平神父自瑞士募得公東建校基金，開始招兵買馬，在東部後山興建秉持瑞士學徒教育體制的職工學校，為使這學校結合宗教及瑞士職工教育特色，錫神父異想天開地遠從瑞士邀請建築師來設計校舍。

幾可想見，1958年興建的公東教堂，在當年東部平原上多麼醒目與特殊。這座清水模建築，在臺灣經濟全面改變後，竟意外成為一個時代的標記。（公東高工提供）

公東教堂半世紀後依然醒目，這是臺灣戰後第二座現代建築，頂層的教堂更有臺灣廊香教堂美譽。上世紀中葉，當全球都在風行科比意清水模建築時，地球另一端的臺東，竟有座同類型建築開始興建。

一位正值壯年，即將出頭的建築藝術家，在瑞士以上帝賜給他的稟賦，接下這邀約與挑戰。

在歐陸建築界頗富盛名的達興登先生（Justus Dr. Dahinden 1925~2020）一九二五年五月十八日生於瑞士蘇黎世，一九四九年畢業於蘇黎世國家工業大學建築系，是歐陸當代最具代表性的建築家之一，他除了長期在維也納大學執教，作品更遍及歐洲及非洲大陸。

我們並不清楚錫神父當年如何找上尚未成氣候的達興登。可確定的是，建築師雖然免費設計這棟教堂與和公東其他三座建築，卻嚴格要求一切得按圖施工，不可任意更動。

臺灣的廊香教堂

公東的教堂，麻雀雖小卻五臟俱全。所有傳統教堂該有的元素，這兒一應俱全。然而這座教堂卻還有一個其他教堂沒有的特點，那就是它不是單獨存在，而是依附在一座複合式大樓之上。建築第一層，是現今改建為辦公室的實習工廠。二、三樓是學生宿舍，建築最頂層就是這座迷你的教堂。

為能將達興登的設計據實呈現，白冷會當年特別自瑞士請來三位具有奉獻精神、分別具備土木、水電及木工專業的技師，與本地工匠共同打造這座臺灣本地前所未見的「清水模」建築。五十年前，在那個完全沒有自動化機械設備的年代，所有的構建工程全得靠最原始的手工與人力進行，十足艱難與可貴。

公東的教堂雖是達興登第一座教堂建築，卻出手不凡，就連上樓的階梯走道，每一層都不相同。二樓階梯與剪力牆相連，三樓階梯則完全獨立於剪力牆外。造型俐落有力的建築，從任何角度觀看都是藝術精品。

這座傑出建築，靜悄悄躲在東部一角。當創建這學校一代人全然故去後，美麗的建築卻依然屹立在東部平原上，訴說著不朽故事。

當「清水模」建築成為今日臺灣建築顯學，大批粉絲甚至前往世界各地，追星般地去參觀此類型建築時，令人訝異與汗顏的是，偏處臺灣一隅的臺東就有座原汁原味，如假包換，頗具水準的同類型建築。

對照半個世紀前的臺東，這座面對著海岸山脈的白色四層樓建築，會是何等醒目？就先別提她的興建工法，光是那方正、有力的現代風格與設計，在六〇年代的海岸平原上，恰如一顆天外降落的明星。更堪玩味的是，就連建築引進者——來自瑞士的白冷會士們，彼時也不知這座建築是個傑作。更不會料到，日後這座建築將側身臺灣建築史，成為那永不復返年代的美麗見證。

當年，這座大樓美侖美奐地屹立在東部藍天下時，當地百姓很自然地認為這是座「貴族學校」建築，背後出錢又出力的白冷會一定財力雄厚。半世紀後，當臺灣經濟整體提升，人們才發現，這座學校及校內建築得以成立，竟是萬千瑞士藍領人士的奉獻，其中艱難不足為外人道也。

文化的傳遞，往往來自某人無意牽引。

一九五五年，歐陸、甚至可說是世界上最重要的建築大師——科比意，在法國發表了舉世震驚的廊香教堂，這座有著雕塑外觀般的教堂，將科式的建築美學發揮得淋漓盡致，更為二十世紀的宗教建築畫出了自己的面貌。一九六〇年，科比意又乘勝追擊，在法國里昂近郊，發表了更龐大、引來更多爭議及讚歎的拉圖雷特修道院

光的海洋

這是公東的教堂北面剪力牆牆面。我曾在牆角下欣賞光的變化，而全然忘了自我的存在，佛家禪定的最高境界可能也不過如此？在這兒，我深刻接受光的洗禮，它也讓我感到身處一個物質化的世界竟是如此粗糙與不堪。「月穿潭底水無痕，竹影掃階塵不動。」我在這一片光的海洋中，體會了存在的最高境界。

（這幾座建築請參閱拙作《山丘上的修道院》）。當全球都在風靡與討論科比意這幾座建築時，與世界幾乎沒有接軌的臺灣東部，卻神不知鬼不覺地有座與世界建築潮流同步的建築悄悄地興建。

更難以想像的是，當科比意設計廊香與拉圖雷特修道院時，西歐的天主教會仍未召開將羅馬天主教帶入現代的「梵二大公會議」，這兩座建築在萬千傳統經院人士的眼中，簡直與異端無異。這股壓力，就連沒有宗教信仰的科比意也能感受到。幾可想見，公東的教堂如此前衛的建築若出現於彼時的歐陸，獲致的批評可能也非同小可。在這，我們也不得不佩服白冷會的氣度，能夠全然不干涉，讓一位初出茅廬的建築師，放手一搏，盡情發揮。

科比意的建築風格，風行一時地在全球各地雨後春筍般出現，大量公式化的水泥建築，卻也給建築景觀帶來另類災難，某些受科氏影響的硬梆梆建築實在不出色。

五十年前的東部，還未有任何鋼筋水泥建築。為正確執行達興登的設計，白冷會特別自瑞士請來三位學有專長，後來在公東高工任教的技術人才監工。物換星移，當這座建築最初興建細節已不可考時，它仍展現著傑出建築特有的懾人風采。

然而公東教堂的這座清水模建築，卻是眾多同時期、相同風格建築中的傑出代表。臺灣多位建築大老就曾為文指出：公東的教堂雖深受科比意影響，但設計者並未一意模仿，而是具有個人識見。

更有人從建築構造中窺出，公東的教堂，幾乎是科比意「廊香教堂」與「拉圖雷特修道院」的綜合體。這樣的聯想並不牽強，包括教室、宿舍小房間教堂的大樓，在規模上與大樓般的拉圖雷特修道院並無二致，尤其是它的清水模外觀，呼應拉圖雷特修道院的粗獷。至於外觀的細小變化，例如北面成垂直的遮陽板、各樓層出水口、階梯設計，一如科氏善於同中求變的巧思。至於建築頂端的小教堂，早有臺灣廊香教堂的美譽。

有關公東教堂的種種溢美，並不只依附在科比意風格上打轉，而是達興登的設計確有獨到之處。

東海岸的一葉方舟

就以神學觀點來說，公東教堂大樓，整體有如海洋中的一葉方舟，頂端的教堂與十字架像極了駕馭這船方向的風帆與桅杆，至於建築北面、剪力牆（承重牆）九個不規則洞口，代表九位天使，引領大船往前。至於整座大樓的功能設施更是一則無

公東的教堂在包括有宿舍、工廠（昔日）的複合式大樓頂端，建築師在這發揮了驚人想像力：有如船身建築頂端的十字架與鐘樓像極了大船的風帆與桅杆。鐘樓底下的11個窗口，就是會產生奇幻光線的彩色玻璃窗口。

心插柳柳成蔭的隱喻。

《聖經．創世紀》中，自從亞當、夏娃被逐出伊甸園後，就被詛咒畢生得以辛苦勞力換取生存，此後再沒有不勞而獲的果子可吃，其中當然也包括那顆魔鬼提供的蘋果。

公東教堂大樓的底層，是鍛鍊學子謀得一技之長、勞心勞力的實習工廠。二、三樓則是能讓他們獲得充分休息的寢室，至於四樓就是那滋養他們靈性生活的教堂。

建築師為如何抵達這精神殿堂，做出了細膩、難以察覺的驚人設計：

許多到過公東教堂的人多未發現，整座大樓，三層階梯，構造上不盡相同。二樓階梯只有底部與承重牆相連，至於三樓的階梯更大膽、不顧地心引力地全然懸浮在承重牆外，原來達興登先生認為，位於頂樓的教堂應與下方寢室、實習工廠區隔。

教堂大樓底部的樓梯，向校園中庭開展，往上，向中心盤旋的階梯，漸次將人的心神凝聚。慢行在二、三樓光影游移、如被利刃削過的樓梯空間裡，心靈更加清明。最後一段如天梯般的通道，讓人收斂心神，噤聲不語。穿越這條通往光明的走道，頭上傾瀉下來的陽光，頓時讓人心神大開……

這一路階梯行走，恰如經過了人間，穿越淨界，來到天堂般的神奇美妙！建築家導引人們前來「聖境」的細膩巧思，在此展露無遺。

公東學子，當年由下往上走來，幾乎是一趟沉靜心神的心靈之旅，所有工作、課業，行走間都可暫置腦後。在神聖的教堂裡，他們終能將自己交放在造物者前面，檢視那極難辨識的靈魂，與上帝對話。

陽臺右側，只開了幾處小洞的水泥牆面，刻意與校外馬路隔絕。冬日，樹上掉下的落葉，被風颳在一處，竟成了渾然天成的裝置藝術。

公東教堂這座複合式建築，處處是驚喜。白木門後就是外觀像極了一座倉庫的教堂。藍天下的白牆與木門，竟讓教堂外觀有種地中海式的優雅情調。

陽臺一景

公東教堂的陽臺，處處是建築趣味，光影在這有限天地揮灑出詩般的畫面。面向校園的陽臺，遠方海岸山脈景色盡收眼底。

一切緣起於木門初開之際

有教堂於其上的頂層與底下世界完全隔離，所有動線在此往上抒發、直上雲霄。建築師為製造向上延伸的效果，就連陽臺這方寸之地也不馬虎。在面對馬路那面的陽臺高牆上，幾個洞口，有效又不生硬地與外界隔離，面對校園的東面，則僅有防護欄杆，校園背後與天際相連的海岸山脈盡收眼底。

封閉陽臺上，被一片白木門擋住的教堂外觀，像極了一座倉庫，恰巧與公東的職工精神呼應。

基於對教堂的喜愛，我曾走訪歐陸多座著名大小教堂，然而乍見公東教堂內觀的震撼，至今仍印象深刻，本書得以誕生的原始動力正是這大門初開之際……

宗教能讓抽象的文字語言難以描繪的感受，藉著建築本身，化為具體而實在的經驗。「教堂」就是有這樣的魅力，這奇妙空間，有種能牽動人性深處的神祕特質，它是如此的深邃與壯闊，使原本無從探究的心靈，藉著建築空間成為心靈實相的再現……

美麗的公東教堂長年隱蔽在後山一隅，教人慚愧的是，迄今，仍有不少人不知道這座教堂的存在。

聖堂 Chapel

若不是陽臺木門上方有片藍色壓克力招牌顯示「聖堂」二字，我實在無法猜透木門後世界究竟是什麼模樣。輕輕將木門向兩旁推開，突如其來的強光自門後鑽出，待雙眼能適應時，首入眼簾的是正前牆壁上、雙手張開，彷彿歡迎我到來的基督雕刻。

大中堂天花板及東面彩色玻璃透進的光線，將小聖堂染成一座光采奪目的光屋。大片未經琢磨的水泥牆面，讓整座屋子充滿節奏，彷彿由水泥譜成的交響曲……全然沒有心理準備的我，為了眼前一切瞠目結舌得說不出話來。緩過神來，才發現自己身在一處能讓身心靈合一的絕美聖境裡。

我不自禁開始輕歌，教人驚訝的是，迷你的聖堂竟有非常好的聲音效果，我幾乎可以肯定，若不是座落在路邊，這座教堂，可以成為一座能收錄人聲的頂級錄音場地。

公東的教堂是這座綜合大樓上的皇冠，達興登先生在這有限的天地裡，發揮了他不凡的設計。僅能容納一百四十人的教堂，重心自然是舉行彌撒聖祭的祭台，為了區隔這神聖區域，建築師刻意將通往祭台的中央走道置於中央偏左，不與正中祭台對齊。可以想見，禮儀進行時，不管走道如何川流不息，絕不會打攪到祭台四周該有的靜謐與聖潔。

為了讓迷你小屋充滿變化，建築師故意將天花板不對稱斜角呈現，右邊面積較大的天花板上，平均置上五片深達一・二公尺的板梁。這一精巧設計，大幅消弭空間迴音折射，增添聲音的美感。

教堂天花板是大樓歷經多次失誤整修，唯一保持原貌的混凝土材質。不停變化的日光，為樸實又粗獷的板牆，譜出了詩般的肌理。

「光、影」是闡述抽象信仰最有力的媒介，像科比意一樣，達興登相當嫻熟於運用光線來烘托空間。小小的公東教堂裡，有多個光源入口，這些設計，讓我們身處其中除了不感到無聊，更能體會宗教裡最難參悟的神祕。

例如，區隔左右天花板塊的是一條有天窗於其間的板梁，由此灑進的自然光，除了讓天花板產生輕巧靈動的效果，從上而下的光線更具體強調內部空間與外在宇宙的連結，中堂地板上移動的日光，更能吸引人駐足流連。

為了讓祭台空間更加醒目及完整，達興登特別在祭台正前上方，設計了一扇在教堂中堂，完全無法窺見的天窗。

方圓不大的祭台，因左側門進來的光線，巧妙的與中堂區隔。中廊天花板及東面十四處彩色玻璃，更讓主堂在白天時永遠有彩光縈繞。

中堂底部，緊貼著紅磚地板興建的長條座椅一如廊香教堂，底座為厚實、不動如山的水泥基座，上方置以結實又溫厚的長木條。左右不對稱的座椅與頭上天花板相呼應，和諧秩序中卻充滿無窮的變化。

這座上帝的屋子，在設計師的巧手下，除了具體顯出抽象的宗教精神，在形式上，更是簡潔、豐富，無比完美。

畢竟是仍算年輕的信仰，臺灣的天主教堂，從建築外觀到裡面陳設，大多洋溢著雜燴式的殖民色彩。許多標榜中國風格的教堂，除了一些表面形式，鮮有獨立原創精神。不似西方的教堂，在悠久傳統中，隨著社會環境、思潮變化，不斷創新，在日新月異的實在界尋求新的可能。

公東的教堂是座光的聖境。達興登從各個角度採光，讓這小屋充滿奇異光芒，讓人心悅誠服地想待在裡面。

這是大師之屋，更是上帝之屋。木椅、水泥隔板屋頂、屬於本土的紅磚，完美融合在有如魔術的光彩裡。

公東的教堂，最有趣的部分，就是在這信仰仍屬於稚嫩時期的臺東，卻將西方同時期宗教建築風格、前衛藝術形式，甚至精神內涵，第一手引進呈現。教堂內的藝術作品，不要說在當年，就是對今日的教徒而言，仍是相當前衛。

就以祭台背後的基督為例，大多的教堂仍懸掛著十字架基督苦像——象徵祂化為贖罪祭，為人類罪惡而死，然而公東以生鐵鑄成的基督，除了沒有十字架，更雙手張開，象徵祂已克服死亡的束縛，洋溢著與人共融的入世喜悅。如此詮釋基督的復活與死亡，不要說是在臺灣，就在彼時保守風氣仍炙的歐洲也屬罕見。

可能是刻意造訪了許多宗教建築，我已很久不再為教堂和其內的藝術感動，尤其在對建築及藝術背後歷史有更多了解後，一種賣弄學問的虛榮，讓我在藝術形

不似傳統教堂，基督總以十字架形式呈現，公東教堂的基督洋溢著復活喜悅。宗教若不隨時代腳步更新，終會死亡。公東教堂的基督充滿生的喜悅，祂激勵人擁抱人生與珍惜此刻的生活。

祭台雕塑

祭台裝飾，以象徵贖罪羔羊的基督為題，經過祭獻，我們終於看見白牆上死而復生，雙手張開，充滿喜樂的基督。

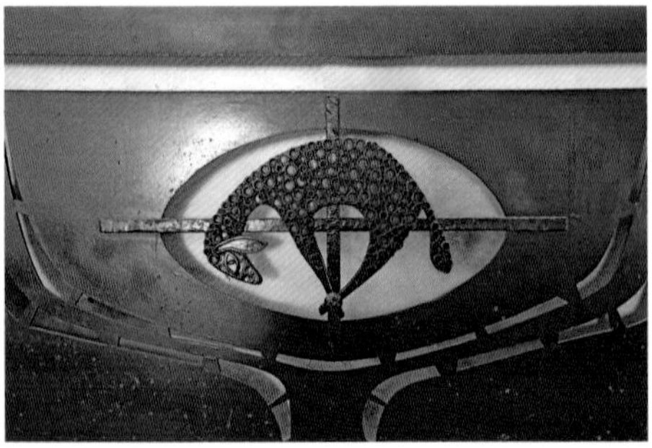

喜歡攝影的人，公東教堂是他們的天堂。「美」是教堂第一元素。在這過度消費時代，我們的心靈已被蒙上一層厚灰而不自知。我在這詩般天地，身心得以洗滌，體會存在的美好。我更想起與世長辭的白冷會士，尤其是創建公東的錫神父，據說他癌末時，就是用爬的都要來這為學生做彌撒。

公東教堂的屋頂，是由水泥譜寫的世紀交響詩。近似單色調的灰泥，在光線烘托下，如絲綢細膩。在這空間，不免感嘆，現代人如何被物質文化蒙蔽。基督曾比喻：撒羅滿身上所有穿戴，都不及野地裡的百合花！這水泥屋頂就是那野地百合，在此，不免收斂心神，頂禮膜拜，祈祝自己懂得欣賞百合，不被金銀蒙蔽。

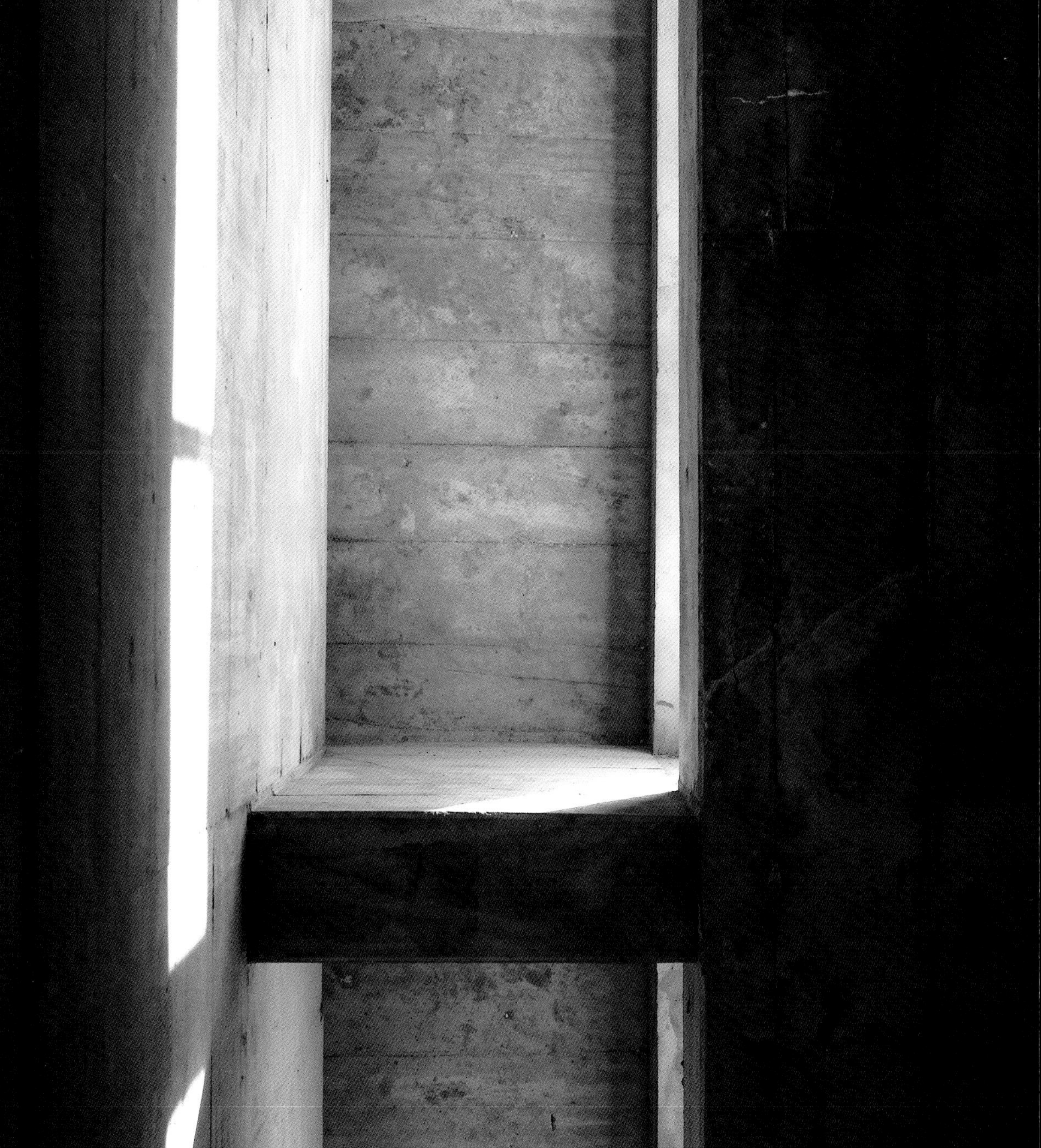

8　9

10

11　14

12　13

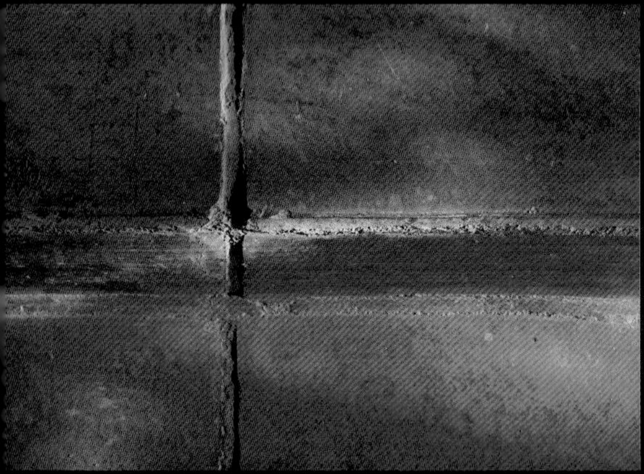

光的聖境

來無影、去無蹤的光，常被比喻為神的象徵。公東教堂，在彩色玻璃輝映下，有如聖境。那斑斕片刻，竟有種無法言喻的神聖氣氛。

1. 比拉多審判基督
2. 基督揹負十字架
3. 基督第一次被十字架壓倒
4. 基督遇見母親
5. 外方人西滿幫基督揹十字架
6. 聖婦為基督拭面容
7. 基督第二次被十字架壓倒
8. 揹十字架的基督勸慰悲慟的婦女們
9. 基督第三次被十字架壓倒
10. 基督被剝掉衣服
11. 基督被釘十字架
12. 基督死於十字架上
13. 聖母懷抱基督屍體
14. 基督被埋葬

公東教堂以彩色玻璃製作苦路，一舉解決苦路與教堂照明問題。建築設計師達興登先生在後來的教堂設計中，再也未使用彩色玻璃作為建築裝飾，公東的教堂是他唯一有置入彩色玻璃的教堂。

這批彩色玻璃已有五十個年頭，其中一扇下落不明。這些無與倫比、幾乎無法複製的的傑作應受到博物館級的保護。編號11.基督被釘十字架（原失蹤的彩色玻璃由丁松青神父於2018年重新設計製作補上。）

彩光的地板

藝術與信仰有相同特質，他們殊途同歸、能觸及人靈。除了昇華人性，更為會消逝的人生，找尋與表現生命的意義。我在面積不大的公東教堂裡，驚見陽光經由彩色玻璃發出的眩人光彩。先知大德總強調信仰只能意會不能言傳？只有經院哲學家，才會辭窮地去解釋信仰。曾有人問如何知覺上帝存在？「用眼去看，用耳去聽，用心靈去感受。」公東教堂的地板，經由光的渲染，幾乎是大藝術家用心創作的傑作。生活裡總有無法預料的因緣際會，問題是我們能否看到，聽到，用心去感受。

若沒有光，公東的教堂將只是個冰冷的水泥空間。生命亦是如此，若能以不凡之心，經營每一個平凡片刻，恰如彩光，能使沒有生命的物件，變得神采非凡。

式上分析比較，卻全然漠視它們最初存在動機——藉著藝術形式，進而達到形而上、合一的企圖。

公東教堂裡，由Albert Wilder（1910~1985）設計，簡潔、卻饒富深意的藝術創作卻能穿越知性界面、直達我心。

就以教堂東面以基督苦路為題的十四面彩色玻璃為例，這批作品，雖然是表現基督受難的宗教主題，卻具有一種普世訴求，它質疑我們，在這個沒有標準答案的世間裡，為愛與理想獻身是否值得？

有別於傳統的苦路圖

苦路（Stations of the Cross），就是將《新約聖經》中基督從受比拉多審判、上十字架，乃至復活的過程，變為十四處圖像，以繪畫或浮雕形式懸掛在教堂兩邊牆上，是天主教堂裡必有的陳設。

公東教堂空間不大，建築師巧妙地將掛在牆面上的十四處苦路，以透光、呼應歌德大教堂傳統的彩色玻璃呈現，一舉解決教堂日間照明及苦路陳設。教堂裡所有藝術作品都有承襲的傳統，藉著這些藝術、讓信徒產生移情作用，進而在精神上合

公東教堂的苦路是同類型藝術傑作。一般藝術家處理苦路主題，都以寫實手法呈現基督受審景像。公東教堂裡的苦路卻以抽象、直接撞及心靈的會意手法呈現。這幅圖像，基督頭戴綠色刺冠，臉部紅色部分象徵基督從頭頂流下的鮮血。基督那一雙苦悶大眼，直接向觀者質疑救贖意義。現代意味極濃的苦路圖像，就是在當時歐陸，也是前衛驚人。

一。天主教於復活節前四十天、四旬期的每個星期五，各個天主教堂都有紀念基督受難的敬拜苦路儀式。

雖為教徒，我卻不喜歡這傳統，總覺得它太強調人類（個人）罪惡，讓基督化為贖罪象徵地向上帝討饒。此外，一般教堂苦路圖像，大多以風行於十八世紀歐陸的巴洛克寫實風格表現，更侷限我的移情想像。

公東教堂以抽象圖案，彩色玻璃呈現的苦路，卻給我有別以往的感受。

像是第七處，基督第二次被十字架壓倒的圖案，龐大十字架下方壓了一個垂頭喪氣，象徵基督的渺小人兒，那沮喪模樣像極了任何一位被現實壓到無法喘氣的凡夫俗子。至於第三處，第一次被十字架壓垮的基督，他那雙手張開的驚恐表情，幾乎讓人聽見祂的吶喊與哀號。

不似傳統苦路中，基督總如救主般地遙不可及，紆尊降貴。公東教堂中，苦路中的基督卻一如常人般地脆弱與無助。圖案中，形容槁枯的基督，讓我們不再逃避現實，更激勵自己，心懷仁愛，永不違背自己良心，就是在最艱難處境，都不喪失希望。

那幾度將基督壓垮的十字架，不再是人類罪惡象徵，而是對人至愛的隱喻。

公東教堂，結合彩色玻璃的苦路，是宗教藝術的傑作，更是有血有肉的人生再現，它讓我想起錫神父。

第三處，被十字架壓到雙手張開、失聲尖叫的基督，像極了錫神父被癌細胞侵入骨髓的哀號。他的一生，經歷了許多挫折、誤解，甚至遭人唾罵，卻依舊心懷仁

苦路第七處，基督第二次被十字架壓倒

藝術家以長條窗呈現這主題，好強調基督的挫敗與十字架的沉重。畫面中，渺小的基督瀕於崩潰，一如實在界求生存的人們。

VII

苦路第二處，基督第一次被十字架壓倒

默觀這幅苦路，常不自覺地想尖叫。生活裡總有壓力與不平，就連尖叫也不見得能抒發這情緒。相較於歐陸十九世紀耽溺甜美的宗教畫，公東的苦路更接近生活，甜美的宗教人物畫像，對照現實人生反而是一種難以承受的負擔。

苦路第十二處，基督死於十字架上

尖矛刺破基督心臟，象徵他的死亡。人生難若登山，公東教堂的苦路圖像能給人生的企盼，當救主也要經歷死亡苦難，渺小的人將更能獲得勇氣，就是在苦難失意時，也不要喪失希望。

苦路第十三處，聖母懷抱基督屍體

文藝復興巨匠米開朗基羅的〈聖母抱子慟哭像〉，舉世聞名。歐陸的歷代大藝術家，都喜歡以這主題入畫，人間沒有比母親抱著死亡孩兒，更絕望的創痛。

藝術家不再以寫實人物，而以一把利劍穿透兩個人的心。不斷成長的人，多少嘗過利刃穿心的痛苦，宗教除了面對這巨慟，更加以洗滌、醫治，從絕望中引出積極的精神。

苦路第十四處，基督被埋葬

這是苦路最後一處。藝術家刻意放大死亡的基督，卻將象徵通報祂復活的天使做的相對渺小。心理學強調辨識心靈（情緒、情感）的面貌與感受，它的立足點是真實人生。藝術家接受死亡的基督，卻刻意不去強調宣告復活的天使。

通報基督復活的天使

通報基督復活的天使，不具權威感，然而所有經過苦難的人，都會了解痛苦能帶來新的力量。也許我們可這樣詮釋：一個人能從巨痛中重生，雖不見得喜悅，但苦難激出的潛能，卻為生命增添重量。公

苦路第五處（圖上右一），外方人西滿幫基督揹十字架

苦路第六處（圖下左一），聖婦為基督拭面容

苦路第八處（圖下右一），揹十字架的基督勸慰悲慟的婦女們

苦路第九處（圖上左一），基督第三次被十字架壓倒

公東教堂的彩色玻璃，值得細細瀏覽。藝術家除了敘述基督受難故事，更強調人的價值。苦路第五處，外邦人西滿幫基督揹十字架，圖中西滿被刻意放大，使得他手上的十字架相形變小。我們是否可這樣詮釋：顛簸人生只要能互相扶持，難關將不那麼難度。

公東教堂的彩色玻璃已有五十個年頭，其中一扇下落不明，這些無與倫比的傑作應受到博物館級的保護。

死亡的基督

對照第一處血淚斑斑的基督，第十四處閉上雙眼的基督，有種全然釋懷的平靜。它讓我想起長眠於臺東的白冷會士，尤其是公東的創辦人錫質平神父。苦路十四處像極了他們跌宕起伏的一生。默想這幅基督的死亡面容圖時，一首聖歌〈 I want to walk as a Child of the light 〉總在耳際迴繞，歌曲的副歌這樣唱道：「那兒再沒有黑暗，黑夜與白天一樣明亮，照亮我心靈的、就是從上帝之城、那羔羊發出的光芒。」信仰不提供答案，但殷切企盼中卻帶有洗滌、治療與提升作用。那一再受到挑戰的企盼是人生最不可或缺的動力。

美能救贖一個人的心靈

我在靜謐的公東教堂裡，那美得令人屏息的光線，讓我想起一位長期被囚禁異議人士的詩作：
當人問及我獄中苦難，我卻會津津樂道囚牢生涯中，一次美麗的邂逅。
一道發自一片小玻璃的藍光，雖只是是光的反射，卻美得無以復加！
看得愈清楚，就愈透悟。
有多少次，嚴寒氣候封鎖大地，有多少扇窗，隨著那方小窗格閃耀發光！那恰如冰影彩虹的美，有如饗宴。蔚藍之光雖未再出現，卻如只能接受一次的禮物，僅這一次，竟已足夠。

慈。一如苦路第十二處，基督被利刃穿心及第十三處聖母懷抱基督屍體的圖案，一種為愛折磨的極致體現。

信仰真諦，無法以世俗價值衡量，然而苦路最後一處，善人將基督遺體放置在新墳的基督特寫，和第八處基督勸告悲傷婦女的圖案，都在在讓我們質疑，這種無私為人的大愛，究竟是否值得？

十四處，位於基督死亡臉孔上方、宣告基督復活的天使，也未提供給我們具體答案。但一路跟隨基督的錫神父，卻一如基督般地以身相許，至死方休。

藝術與偶像的區別，是前者能激發欣賞者情感，進而有洗滌、提升與淨化的作用，後者只是個沒有生命的裝飾。一座成功的教堂建築，除了讓肉身形體感受神聖氛圍，更能觸動我們內心深處的情感——一種難以解釋與表達的心靈面貌。

距公東教堂落成，半個多世紀已悄然流逝，這座建築和其上的教堂，再不嚴格保護，命運堪慮。除了歲月淘洗，公東的教堂也有先天宿命，原來建築師達興登先生對臺灣亞熱帶的氣候及地形並不了解，多雨潮溼的臺灣並不那麼適合清水模建築，沒有任何處理的水泥模板外觀，極易長霉生苔，若不刻意維護，整座建築很容易灰頭土臉、老態龍鍾，不似同類型建築在歐陸那般的熠熠生輝。

此外，沒有強力支柱、只靠牆面支撐的結構，也不適合地震頻繁的臺灣地區。

然而這座臺灣戰後第二座現代建築，仍在天災不斷及財力不足的環境中生存下來，更在臺灣建築史上具有承先啟後的重要意義。

幾十年來，這座建築，幾次不當維修已嚴重影響到它的原始風貌，甚至隨著校園

龜裂處處的遮陽板

1999年九二一大地震後，公東教堂變成危樓，在校友捐款下，這座建築得以補強保存，但遮陽板深及見骨的裂痕，仍教人觸目驚心。這座建築再不下決心拯救，終會二度成危樓。

擴張，這座建築已不再是公東最醒目的地標，然而對當地人而言，這座建築仍有近似鄉愁般的浪漫意義。

當年，許多離鄉遊子，當公路局公車駛離臺東市前，最後看到的就是公路邊的公東教堂，而當公車一路從顛簸的南迴公路經過知本溫泉來到臺東，只要看到公東教堂頂端的白色十字架，他們就知道，家快到了。

此外，身為臺東市當年最高建築物，這座原汁原味的歐陸現代建築，和在此傳教的外邦人，在封閉後山，恰如一扇充滿異國情調的文化櫥窗，至於白冷會士在此服務的故事，早成為海岸線上最美的傳奇。

文化的傳遞往往僅藉著某些人無心插柳。

我們再沒有機會問到逝世多年的錫質平神父對這座建築的觀感。像大多數人一樣，他可能根本不知道這建築在藝術及世界建築版圖上，所具有的意義。「藝術」是昇平社會沉澱的結晶與能傳留後世的精華，在一個只能求溫飽的環境裡，它的功能與價值，在現實考量下，往往被漠視，甚至抹殺。

例如，仍有瑞士老師在公東任教的某個年代，公東教堂大樓底層教室因不敷使用，校方當局未知會設計師便逕行擴建，在瑞士的達興登知道後大發雷霆，來信抗議，然而就連他的同鄉、瑞士籍的老師也僅以「無聊！」回應。

凝鑄一個時代的記憶與感情

我在美麗的公東教堂裡，省思這座建築及這所為臺灣貢獻良多的職工學校，從無到有的點點滴滴，當我為這座教堂之美折服、沉醉其中時，一個模糊的影像卻在我的腦海裡愈來愈清晰……

據說，錫質平神父生前最後那段時光，只要能動，他都堅持到這為學生做彌撒，據旁觀者形容，很多時候他幾乎得用爬的，才能抵達頂層的教堂，由於堅決不要人扶，陪同他來的護理人員，實在忍不住了，只好從他背後頂著他上去……

錫質平神父的房間

公東創校人——錫質平神父的小房間就位於教堂底下，三樓通往四樓的轉角處，這間小房在美麗的現代建築裡是如此的不起眼，然而那卻是眾多公東學子最深的記憶，他們當年在這小房間內外與錫神父度過成長時期最寶貴的時光。

生命是一張龐大的藍圖，有限的人，無論如何觀看，只能窺見藍圖一角。

建築、藝術的存在除了有實際功能，更有抒發情感的特質，實際的錫神父也許永遠不知道，這座他一手主導的建築，是臺灣最重要的建築之一，然而，只要我們有幸知道他的故事，這座建築，除了藝術的成就，卻有了更深刻的人文情懷。這也正是藝術最深的動力所在，公東的教堂除了形式美學的魅力，更因為有這位教人緬懷的長者，讓人在這座建築漫遊時，更有一份撩動心弦的深刻情感。

修道人的某些堅持，有時讓人難以理解？

兩千年前，羅馬駐耶路撒冷總督比拉多，在猶太百姓鼓譟下，被形勢所逼地審判基督，在他眼裡，這無任何犯行的人根本找不到罪狀，然而對當時的猶太祭司、經師、上層結構的人士而言，這位散播仁愛、倡議平等，宣講寬恕美德，與主流價值大相逕庭的傳道者，是位具顛覆能力的危險份子。被煽動的群眾不惜違反常理，以一名強盜來交換這無辜者生命。被迫將基督交出的比拉多，不安地質問他從何而來。這名出身貧寒的木匠之子，卻回答，祂是來為真理作證！比拉多進一步質問：何謂真理？那最後被釘上十字架的人卻沉默以對。

比拉多的質疑，是所有人的疑問。

畢生追隨基督的錫神父也未回答這問題，但在公東教堂底下，三樓通往四樓轉角處，錫神父當年居住的小房間裡，我似乎找著了一些線索：

這間僅有簡陋衛浴的仄陋小房，夏天會熱死人，冬天更會把人凍僵，然而這位從不為自己著想的修道人，將自己的生活水平全面降低，只為與在校的學子融為一體，恰如科比意設計的拉圖雷特修道院中，僧侶居住的房間，這裡除了一張床，一張書桌與櫃子，再也放不下任何東西。

剎那間，我對基督未回答、卻為真理作證的言語，有了如下觀感：

建築語言藉由空間傳達，龐大留白裡有很多聲音，只要駐足夠久，就能聽出它的訊息。

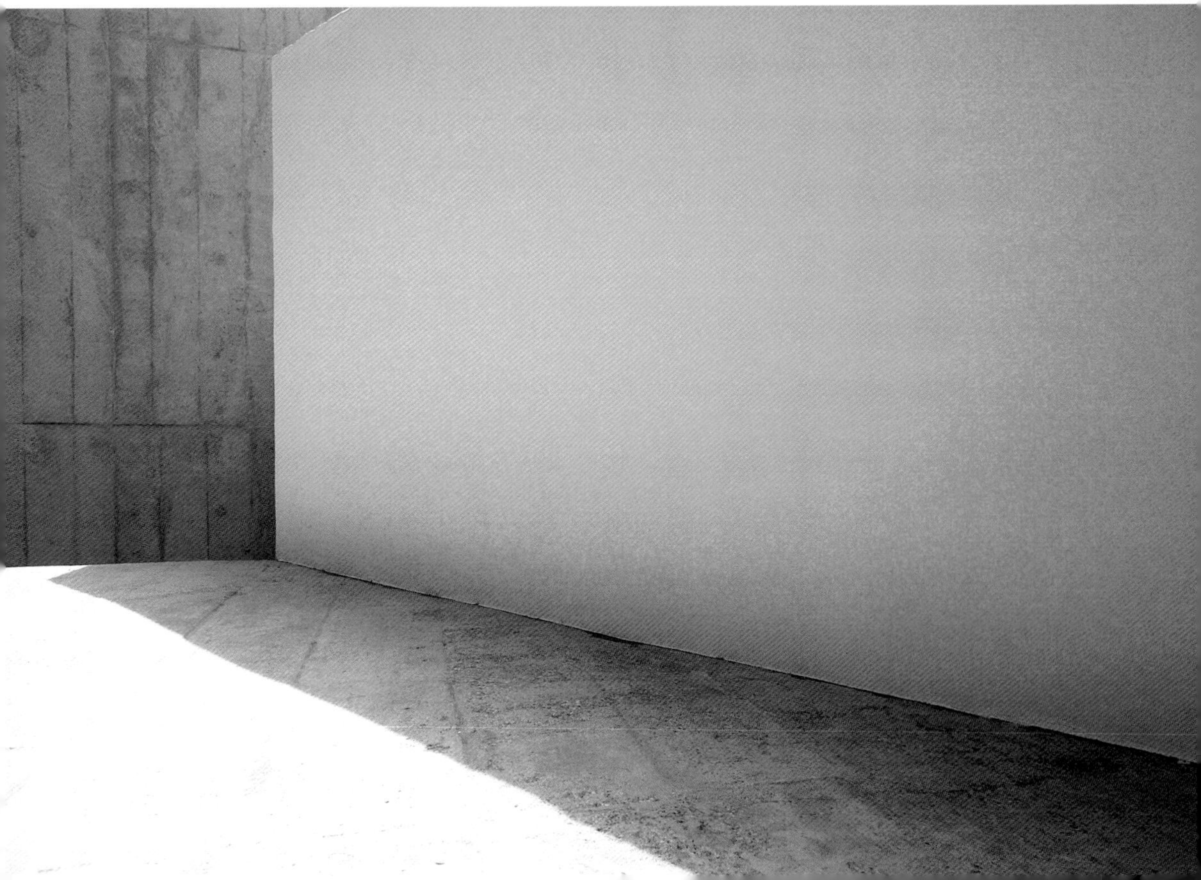

言語與文字從來無法將真理表達清楚。只有起而行，我們才能在團團迷霧裡，摸索到它的方向，且從中獲得力量。恰如暗夜顫抖的燭光，縱然微不足道，卻能在濃郁黑暗裡，照亮前路，帶來溫暖。

人到了一個年紀，就不再像年輕時那樣，懵懵懂懂地與世俗價值共舞，在記憶的汪洋裡，那圍繞著公東教堂的人與事，卻如夜晚穹蒼裡億萬年前爆炸的星子，雖然時空遙遠，卻依然能釋出美麗而動人的光芒。

它更像一則寓言：臺灣由富裕轉向逸樂，產生貧富懸殊，不過短短幾十年，在所謂經濟奇蹟中，我們卻失掉了多少極具意義的價值信念？就在我們開始懂得欣賞公東這座建築時，它已變得如此衰老、幾近危樓，而錫神父那一代人的精神也終要變成傳奇般地等著被世人遺忘。

一座建築，再怎麼說仍只是一座建築，公東的教堂，為我們保持了一個時代的記憶與感情，就是那份記憶與情感，讓有限的人終不至在虛無的宇宙間無依無靠，更不會在物欲橫流的時代裡，載浮載沉、隨波逐流。

故事尾聲，容我告訴你一個會令你訝異的消息，當公東的教堂成為臺灣建築人拜訪勝地，且有多本以此為題的論文問世時，竟沒人知道，這座建築的設計師今天仍老神在在的在瑞士蘇黎世的建築事務所內，領導他旗下的建築師們設計建案。得知已有八十八高齡的老建築家仍在人間，我做出前往瑞士拜望他的決定。

仍創作不輟的達興登先生

能與一位年近九十、卻仍在創作的藝術家見面，殊屬難得，大師、巨匠這些世俗頭銜全然不及一顆不老卻仍在創作的心靈。

當東部的白冷會士大多凋零，有五十年高齡的公東教堂也快成危樓之際，像多數人一樣，我以為這座建築設計者、達興登先生可能早已「蒙主恩召」。未料，當薛修士自臺東打電話到瑞士達興登公子主持的事務所，詢問老建築師資料時，接電話的人回答，大建築師正與屬下開會，請他稍後再撥。

第二天，這位八十八高齡的老先生親自接聽電話且愉快的回答。他為自己年輕時所設計的建築，迄今仍有人注意且受人喜愛，感到無比的榮幸興奮，他期待我們到訪。

達興登的事務所位於蘇黎世的精華地段，這位屬牛的建築師，在他的事務所外牆上，掛著醒目的牛頭雕塑，站在他豪華的事務所門外，我怎麼也無法想像當年他如何與遙遠的臺灣產生關連。很有科比意風格的公東教堂，祖師爺科比意先生雖在建築成就上無與倫比，但待人處事卻刻薄寡恩，我很好奇達興登先生是什麼模樣？好不好相處？

入得門內，達興登先生在公子的伴隨下來到我們身邊，只見他一身飄逸的黑

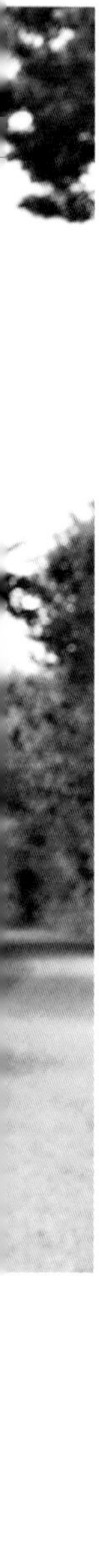

衣，梳著很有個性的瀏海，雖已年近九十，整個人卻神采奕奕，像孩童般地充滿熱情。

達興登先生坦言，他很訝異臺灣會有那麼多人喜歡公東的教堂，他非常不好意思地說，那件作品只是他的博士畢業論文製作，在他的創作生涯裡，雖是件有趣的作品，但不能算真正的代表作，尤其是整座建築洋溢著當年每位建築學子都奉為圭臬的科比意建築美學，加上年代久遠，有關這座教堂的種種細節他已不復記憶。

如此表述，讓我們的交談陷入膠著，我拿出最近出版的《山丘上的修道院》，一看到這書，老建築家的眼睛突然一亮，仔細翻閱我的創作後，他對薛修士眨眼說道：「這是位知道自己在幹什麼，非等閒之輩的攝影家。」在我還不知如何提問時，老建築師突然站起來說：「走！我帶你去看我設計的自宅和鄰近的一座教堂，至於我的創作觀，你讀我的書就好。」

行走間，他轉身摟著我肩說：「年輕人，你是第一位有機會進入我自宅的攝影家，你想拍什麼就拍什麼！」一時間，我打心底喜歡上這個人。

藝術的世界何其美妙！一位藝術家的熱情分享讓人驚覺年紀、文化、宗教都不是交流的障礙。

達興登先生早期曾受到萊特（Frank Lloyd Wright）及高第（Antoinio Gaudi），以及後來其他建築先鋒與日本現代派的影響。然而，此刻我竟對他的風格流派不為所動，而是快樂地在享受這個人和他的創作。老建築家真誠地對我說，他是位為人

已快九十高齡的達興登先生，仍活躍在工作崗位上。能與如此擁抱生命的人相聚，是福氣。生命是一種成長過程，但多少人——就連我自己，也常陷入情緒無法自拔？達興登是可敬指標。且視人生為難得機會，且盡情發揮。

服務的建築家，從不想要人來服膺、適應他的建築美學。霎時間，我突然明白，公東的教堂雖承襲科比意的風格，但整座建築卻洋溢著科氏建築鮮有的生命熱情，它充滿著邀請，童稚的幽默與自在，與科氏傲慢、將個人建築理念置於眾人之上的凌厲風格全然不同。

達興登家中收集了不少博物館級、來自東正教的藝術傑作，自宅客廳最令人印象深刻的設施是一座火爐，建築家並未將取暖的壁爐貼牆設計，而是置於客廳中央，火爐周圍一圈全是舒適慵懶的沙發，那種以人為中心、樂與人分享的設計在此表露無遺。

「年輕人！冬天來，我的朋友每回一到這就圍著火爐邊喝酒、吃東西、聊天，快活得不想離去！」達興登先生得意的說。

這年頭，藝術常脫離了生活，成為一種為藝術而藝術的顯學，我突然明白，老建築師仍在工作的動力，不為金錢，更不為累積盛名，而是熱愛創作與生活，尤其喜歡與人接觸，他全心享受上天所賜的稟賦。

參觀完了住宅，老先生驅車帶我們去看他幾乎與公東同時間設計的聖瑪莉加冕教堂（Pfarrei Maria-Kronung）。途中，他淘氣地說，請多包涵，這座教堂所在地是蘇黎世精華地段，與當年公東教堂的謙卑經濟水平，不可相提並論。

聖瑪莉加冕教堂通身為垂直的屋頂覆蓋，這也是達興登先生最著迷的美學，在他的想法裡，所有的房子都是從屋頂下開始，聖瑪莉加冕教堂將他的屋頂美學發揮得淋漓盡致，因為教堂的屋頂幾乎與牆壁連為一體的直線下垂。

進入教堂，不禁驚歎！難怪建築家不願多談公東建築，只比公東教堂晚五年落成的教堂，無論在造型、材質、各方面都比公東教堂更具個人風格與原創性，由於預算有限，達興登先生當年設計公東教堂時，各方面都受到限制，尤其材料使用上無法盡情發揮。材質決定建築的生命，另一個無形要素，是人們對它的態度。只比公東晚五年開放的教堂，至今依然新穎，我不敢想像達興登先生若看到今日公東教堂的模樣，會作何反應？

也許是與公東教堂同時期作品之故，在聖瑪莉加冕教堂裡，不時可看到公東教堂的影子，那不對稱的設計、清水模牆面、燦爛有如神蹟的光影，幾乎是公東教堂的延伸，只是風格更為明確，材質益發講究。

在這個圓熟有力、充滿能量的空間裡，得見建築家將原生概念由種子變成大樹的魅力，不由得讓我反省自身的藝術陶成。

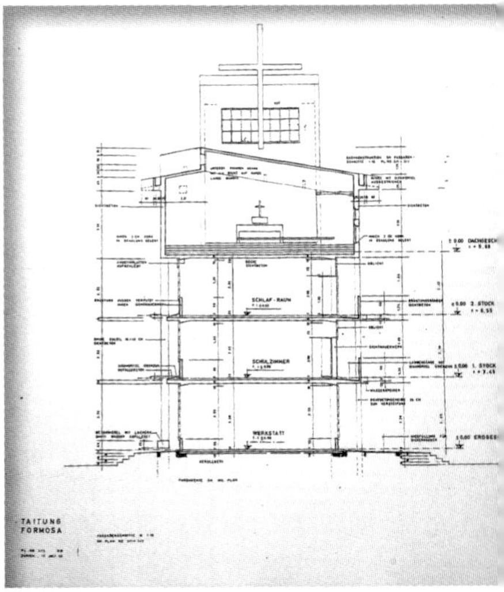

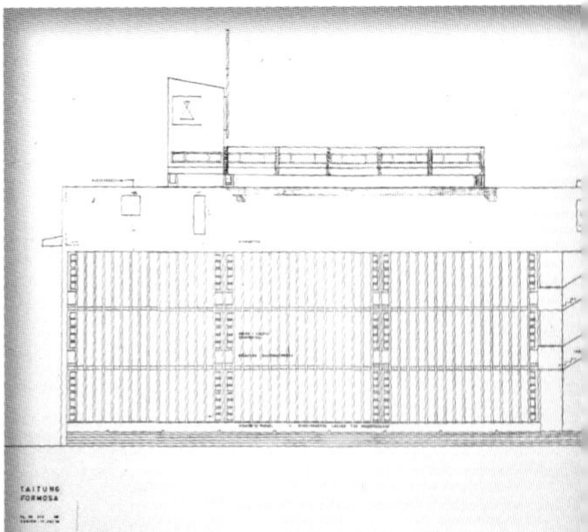

這是當年公東教堂的設計圖（原圖已捐給臺北新公園博物館）。
我對建築藍圖有種奇異感受，它像是魔術師的咒語，順著它，就能無中生有創出一棟美麗建築。當人們為建築的美麗嘖嘖稱奇時，絕對無法料到：它的前身竟是幾張只有線條與數字的草圖。

我很喜歡光，攝影是光的紀錄，會從事攝影應其來有自。

達興登先生的建築，讓人有置身自然的舒暢，大片木板，水泥牆版，石材地板，在陽光投射下，生機盎然。在這兒祈禱，身心合一，沒有未來，也沒有過去，只有平淡如水的當下，然而我們總忽略，白開水其實也是很有滋味的。

我的藝術生涯，尤其是早期學習裡，大多一味追尋老師從西方引進的皮毛藝術概念，不管是否認同，個個卯足了勁，從理論看人生，詮釋生活。一種隱性、難以自覺的文化自卑，更讓我們急於與世界同步，卻鮮少省視自己，勇敢聆聽自我，更全然忽略自身與環境，甚至人的關係。

與達興登先生短暫相逢裡，他鮮少談理論，卻直接以實物與我分享他的識見與創作，其中甚至包括了極為隱私的住所。藝術分享能豐富生命內涵，甚至讓它得到滋長，這讓我想起一句古諺：「渾沌人世，藝術最大功能，莫過於為所處時代的虛無，找出解藥，它雖無法拯救靈魂，卻讓靈魂值得被拯救。」

五十年前的公東教堂，晚一點的聖瑪莉加冕教堂，和老建築師此刻仍在進行的案子，大氣中迴盪著一股自在、清靈、餘韻無窮的人文之美。

我突然明白，公東教堂所以傑出，正是這股氣質。在風格上，它也許深受科比意

1965年落成的聖瑪莉加冕教堂，與公東教堂是同期建築。來到這裡，我們得以明瞭，為了遷就公東預算，達興登所做的犧牲。這座位於蘇黎世精華區的教堂，迄今仍維護得完美如新。

影響，但在精神上，它是屬於達興登的，同為建築師，他與科比意最大不同，是他有宗教信仰。為此，在為數眾多的教堂設計上，他強調如何藉著建築空間激起人內心情感，去感同身受體驗與抒發內在精神，為此，在他充滿變化卻和諧的教堂空間裡，沒有質疑，更沒有暗示性的操控，只有深邃的靜謐與順服。

霎時間，我似乎領略到，信仰在他藝術創作中的份量；宗教與藝術，雖殊途同歸為人靈深處提供養分，但若把藝術當信仰般追尋，藝術家終難脫離我執束縛，最後，它不是在自我膨脹中窒息，就是在喃喃自語中自溺。

就是這獨特信仰，讓達興登設計的教堂有著破曉晨光般地優雅，它雖沒有日正當中的耀眼光芒，卻是黑夜後的靈光乍現，在他的教堂裡，沒有期盼，也沒有過去，而是全然擁抱深刻而實在的當下。

我與薛修士和達興登先生暢談了一個下午，之前，整個瑞士已陰雨了好幾天，但就在我們進入了他亟欲與我們分享的教堂後，陽光卻自厚厚的雲層中鑽出，大教堂也因此變得光采奪目。

回程途中，我與修士仍陶醉在他的風采裡，只覺得那是個奇妙的午後。達興登先生雖未對公東的教堂多做著墨，但他卻以身示範了藝術家的特質，不論是他從未涉足的臺灣東岸，或是炙熱的非洲大陸，甚至古老歐陸，他都傾注全力，以當時的條件做出最誠摯貢獻。

雖未多談公東的教堂，但他那麼歡喜，有人竟因為這座建築，專程從半個地球外來看他。藉著攝影，我們又能進一步共融，其間，我從不覺得他老。事實上，從他

達興登的教堂，給我很多感觸：藝術的功能究竟是什麼？我在這面牆上，感覺詩般美妙，它讓我確定，從事藝術工作是多麼榮幸的工作。

身上我一直感到孩童般地稚真，能與這樣的人相遇，真是福氣。

與一棟比自己還大上幾歲的建築物設計者見面，有種跨越時空的超現實感。

「年輕人！冬天來，我的朋友每回一到這就圍著火爐邊喝酒、吃東西、聊天，快活得不想離去！」在那快樂而真誠的共融裡，一種難以捉摸的永恆感卻在我心底縈繞不去。

這樣的人，即使有一天「蒙主恩召」，他與作品釋出的精神也不會因此消逝，反而會讓人更加懷念。

有人問我，從好的藝術中，我看到了什麼？「上帝！」是我的回答。為什麼以上帝稱之？簡而言之，它就是一切！然而什麼是一切？那正是一位藝術工作者所欲追尋與表達的精神。其中沒有虛榮，沒有比較，而是心悅誠服的服從與讚美。

賈斯德神父

充滿活力的修道人

（Rev. karl.Staehil.SMB.1937~2017）

賈斯德神父在二〇一七年春過世了。

我在兩本有關白冷會士的書中，對這位在我心中永遠充滿活力的修道人曾有簡略描寫，而今卻在這方塊天地中紀念他，實在遺憾。

賈神父生前在高雄南橫公路上的桃源鄉服務，只有在主日後的週一才能回返東部的會院。八八風災時南橫公路中斷後，賈神父都得繞南臺灣一圈才能回到臺東，也因此，我鮮少在會院遇上他。

已過「從心所欲不逾矩」之年的賈神父，即使與陌生人交談都保有孩童般的稚真。有回，我在白冷會院聽到他懊惱地對薛修士說筆電又壞了，一位與我一起、在竹科工作的工程師直言那台電腦已不堪送修，他手邊有台閒置的筆電，正好可以拿來送給賈神父。一聽到這個消息，高齡七十多歲的賈神父竟手舞足蹈地當著這年輕人的面前，雙膝一跪地磕起頭來，嚇得他尷尬到不行，硬是將賈神父給扶起來。

一九六七年，三十歲的賈神父來到臺灣；一九八五年，他來到南橫公路上的桃源鄉布農族部落。為融入鄉民，賈神父下足工夫學布農族語，日後，部落的公立學校甚至懇請他去開班教授原住民孩童瀕臨失傳的母語。除了保有西方人的面部輪廓，賈神父在各方面已與布農族無異。在山上的那幾十年，他常獨自一人清早就從

賈斯德神父

賈神父總是笑容滿面，他酷愛登山與大自然。有一年因車禍傷到腿，醫生認為起碼要兩、三年他才能恢復正常，然而賈神父每天起床就走山路去泡溫泉，不到半年再次健步如飛。賈神父鮮少提起在瑞士的家人，並非不想念他們，而是他已將人生所有的時光全給了最愛的臺灣與桃源鄉的親人們 。

這張照片攝於初識他的1992年，我仍記得拍照時，他興奮地訴說去爬玉山時，在發現黑熊的蹤跡後就不敢再前進而趕緊下山。賈神父不只一次對我說，他所服務的桃源鄉是真正的世外桃源，而他或許不知道自己已是有山有水的桃源鄉——桃花源裡一則最美的傳奇。

山上長途開車到北部探望在外工作的教友，或只是一頓便飯，或送上一個鼓勵，賈神父總要確定他們身心無恙後才又不辭勞苦，披星戴月地開車回山上。

二〇〇九年莫拉克風災，賈神父正過境香港準備返回瑞士度假，一聽到山上有難，他立刻取消行程回轉臺灣。有人因此形容他是好牧人，賈神父卻正色回答：「羊都讓人掛念了，何況是親人！」風雨停後，桃源鄉雖被宣布為嚴重災區，居民仍然不願撤離，最後又是賈神父將他所謂的親人們一一勸下山來，甚至與災民們在旗山的軍營裡共度了半年才重返山上。

二〇一七年，身體向來健康又喜歡登山健行的賈神父因咳嗽不止竟被診斷出肺癌末期。他住進了醫院，教友們二十四小時排班輪流從山上下來陪他，擴散到骨頭的癌細胞讓賈神父痛不欲生，也讓陪伴的人傷心不已，他們無法想像——這麼一位將自己全然奉獻的修道人為什麼會遭致如此的折磨？

當賈神父的家人得知他病了，要從瑞士來看他，賈神父卻言明若疾病獲得控制，歡迎他們來臺一聚，然而病魔仍將賈神父徹底擊敗。殯葬彌撒時，桃源鄉的教友如喪考妣、悲痛逾恆，他們很想將賈神父永遠留在桃源鄉守護他們，但礙於法令，賈神父最後被送回臺東與他的白冷會士弟兄一起長眠在東河鄉的小馬天主堂。

賈神父在臺灣整整待了五十年，身後都不願離去。他的紀念小卡片上這樣寫著：「我來，是為叫他們獲得生命，且獲得更豐富的生命。」（《若望福音》，第十章第十節。）

賈斯德神父以他的一生，為這句平淡無奇的基督話語，做出了教人感傷又刻骨銘心的見證。

賈神父殯葬彌撒

在我心中賈神父永遠年輕，十足的「Man for all Seasons」，由於他身在南橫，我極少有機會與他相處，在我體會到他是白冷會在臺最重要的瑰寶之一而準備挖掘時，他卻如明燈般地突然熄滅。

賈神父殯葬彌撒在高雄的玫瑰堂舉行，住山上的教友都下山來送他，隆重的彌撒以布農族語及漢語交織舉行，在布農詩歌中，我們驚見一位外邦人將半世紀生命的時光全奉獻給了這塊土地，他的不求回報只問付出，恰是現階段臺灣最缺乏的人文精神與生命情操。

TUNG FENG

chapter 4

海岸山脈的瑞士人

海岸山脈的瑞士人與他們的教堂

靜靜貼著東部海岸，南北走向的海岸山脈，是臺灣五大山脈之一，與高聳、宛如壯男的中央山脈不同的是，以英雄之姿，隻手撐起臺灣的天際線，與他相望的海岸山脈，恰如少女，風情萬種、展開雙臂迎向一望無際的太平洋，介於他們之間的花東縱谷，猶如他們的孩子，自在又舒適地依偎在他們中間。

海岸山脈東面是腹地有限的海岸階地平原。緊貼著太平洋的臺東海岸線，從最北的長濱鄉，到最南的大武，約莫一七六公里，是臺灣海岸線最長的縣分，如果驅車，不到三個小時就能走完全程，然而，很多生於斯長於斯的臺灣子民卻從未到過這裡。

偏處一隅的東部，由於有阿美、卑南、魯凱、布農、排灣、達悟原住民長居於此，而擁有多個著名的史前文化遺跡。十九世紀開始，除了原住民，開始有移民進入這鮮有人開墾的蠻荒之地。上世紀中葉，一批來自歐洲瑞士的外邦人，豐富了這兒的人文景觀，更由於身後長眠於此，成為海岸山脈的一部分，為美麗的東部增添了數筆動人軼事。

位處年輕、仍在變化的地形中，自有人類歷史以來，橫在東部子民前最大的挑戰

五〇年代的富岡

臺灣經濟奇蹟，世界少見，然而在經濟成長中，這個社會又失去了多少核心價值？六十年前來到臺東的白冷會士，以棉薄之力，具體參與當地百姓生活，他們在這建立教堂、學校、宿舍與智障中心，服務大眾。為被人忽略、甚至遺忘的後山，留下一則美麗又動人的海岸傳奇。前跨頁影像為半世紀前的都蘭山海岸線。（白冷會提供）

就是無法掌握的大自然，然而也是千變萬化的自然造化，帶給百姓無限生機。池上鄉一年三收的豐美稻米，隨處可見的釋迦、金針、洛神花，大海的魚族更造就了臺東幾處知名漁港。至於讓人心曠神怡、疲憊盡消的溫泉，更分布在東部每一個角落。

身處婆娑之島東陲，臺灣第一道陽光由這升起。滿月之日，黃澄澄月亮自銀光點點的太平洋浮現，直如亙古神話再現。「蓋將自其變者而觀之，則天地曾不能以一瞬，自其不變者而觀之，則物與我皆無盡也。」蘇東坡〈赤壁賦〉裡的意境，在東部的銀夜裡依然可深刻體會。

身為臺灣人，我對東海岸自然景觀的認識，竟來自白冷會的歐修士。由於他的帶領，我有機會深入海岸線的每一個角落。歐修士對大自然的熱愛與見解，總讓我感慨：臺灣的自然資源若讓瑞士人來管，福爾摩沙、美麗之島的美名也許可再揚名國際，成為全球觀光大國之一。

雖不能與西部便利交通相比，後山東部的幾個部落之間，今日只要有車，幾十分鐘內多可抵達。六十年前來到臺東的白冷會士，就沒這麼幸運，他們的傳教途徑，大多是以雙腳抵達。爬山、涉水，只是例行公事，至於蘭嶼島的開教者——紀守常神父，據說當年未經長上的同意，更一個人偷偷地從高雄搭船繞過南臺灣，抵達鮮少有人踏上的小島傳教，與島民結下了一段胼手胝足的奇緣，迄今仍讓島民懷念不已。

半世紀前的東河天主堂

一甲子歲月飄然而逝，當年到此的瑞士傳教士，不是長眠於此，就已是童山濯濯的老人。順著他們的足跡，我們終有機會領悟自己是如何一路走來。「太初有道」，過往影像有如放大鏡，讓我們能近距離看清一些存在卻從不知曉的人事物，也讓我們有機會接觸這「道」和它的精神。（白冷會提供）

紀守常神父與他的達悟同胞

紀神父也許不是最早登陸蘭嶼的外國人，但卻是深得達悟同胞喜歡的外邦人，這老外與他們同歡笑與哭泣。達悟族有畏懼亡靈的習俗，當紀神父得知島上一位少年父親過世，由於族人忌諱，無人前來幫忙時，紀神父竟親自上門協助無助少年將逝者埋葬。1970年紀神父意外過世時，島上居民為他冠上了「蘭嶼之父」的尊稱，緬懷這位將他們視為自己手足的瑞士人。（白冷會提供）

蘭嶼

傳教士的鏡頭也許充滿異國情調，然而這些珍貴影像，讓我們有機會深入並開放地了解一個地區的過去，在那個島民仍普遍被歧視的年代裡，來自瑞士的白冷會士已平等愛上他的蘭嶼同胞。迄今，仍有不少島民感謝他們當年在就學、就業方面提供的協助。一位天邊來的異鄉人，以率真付出，贏得了萬金難換的真情。（白冷會提供）

初期的教堂

白冷會初抵臺東時所建教堂，大多為木造建築，這些教堂，談不上獨立風格，卻為我們凝結一個時代的記憶。打外地來的天主教，當年是隔閡甚重的洋教（說來難以置信，當年的彌撒禮儀，全以誰也聽不懂的拉丁文進行）。《新約聖經》中，基督曾以撒種比喻，來形容人聽了道理，是否懂得實踐、得救的故事。基督比喻說，有的人聽道，卻不珍惜，如種子般地在地上被晒死，被沖走，有的人卻如獲至寶，將它種進土裡，而結出豐盛果實。白冷會士以基督教誨，將自己化成落地種子，在東部結出豐厚果實。上圖為1957年的永安天主堂，下圖為1962年鹿野鄉的鸞山天主堂內觀。（白冷會提供）

鹿野和平村的幼稚園

白冷會非常注重教育，隨著教堂興建的同時也成立幼稚園。美援時期，大部分天主教幼稚園都有奶粉沖泡的牛奶可喝，很多教堂也發放美援麵粉，為此，這個宗教昔日曾被譏為麵粉教。我也喝過教堂的牛奶，但那是慈善的甜美回憶，無關尊嚴。這張攝於1958年的照片，紀神父才四十出頭，而照片中的那群小娃兒，今天可能都已年滿六十，進入遲暮之年。（白冷會提供）

蘭嶼的教堂

白冷會在講究道統的天主教裡是個異數。他們極少以羅馬教廷的官方說法去闡述基督，反而鼓勵信徒從自身生活裡去體驗祂。蘭嶼紅頭村的小教堂裝飾，具體呈現這樣的精神。教堂祭台基座是當地人賴以維生的魚，美麗船身的正中是十字架，且全以當地圖騰裝飾。這組圖像是宗教藝術的傑作，它與臺灣殖民風格強烈、缺乏自信、自省的教堂裝飾全然不同。由這幾組裝飾中，我們可體會為什麼達悟同胞，會那麼喜愛紀守常神父和在這服務的白冷會士，原來這些外邦人，從一開始就尊重他們的文化、風俗、習慣，與他們分享信仰。在這參與彌撒聖祭，多麼動人，在熟悉裝飾中，外邦人的天主成為自己的天主。曾飽受歧視的達悟同胞，在這動人的藝術中，展現了驚人的自信與自尊，而這正是基督信仰，最想傳達的奧祕之一！（白冷會提供）

隨著教務拓展，為了不讓信徒再像他們那樣辛苦爬山涉水，白冷會在東部的第一要務，就是興建足以讓大夥聚集一堂的教堂，這些大小、風格不一的教堂，在時空版圖更替後，意外地成為海岸線上一串美麗珍珠。

自一九五三年起，白冷會在東海岸建立了四十八座教堂，這些教堂當年大多以茅草與木材興建，隨著經濟起飛，大部分教堂也跟著翻修。今日仍在使用的教堂，大多已改成鋼筋水泥興建，有的教堂甚至全然融合原住民文化，例如，位於太麻里的金崙天主堂，裡外全是以原住民圖騰闡述源自西方的信仰故事。

眾多風格不一的教堂中，有多座教堂是白冷會的傅義修士所設計，不比其他宗教團體，白冷外方傳教會成立的宗旨，就是到經濟落後的地區服務，為能不假外人之力，從頭開始。白冷會非常強調技術人才培育，上至蓋房子，下至裝修管線，甚至到煮飯、縫紉、剪頭髮的技藝都在培訓之列。這個修會，當年之所以會在臺東成立了一座培育臺灣無數技術人才的工業職業學校，一點也不讓人意外。

傅義修士與他設計的教堂

傅義修士（Julius Felder,1933~2018），一九三三年出生於瑞士的琉森，一九六〇

傅義修士

學建築的傅修士在東部建造的教堂與房舍，豐富了東部的人文景觀。人們記得他的建築，卻也記得他的脾氣，然而在他告老還鄉後，那一座座傅式建築的教堂，竟成為海岸線上一串最美的珍珠。（攝影/林至柔修士）

年加入白冷會，一九六五年來到臺東。抵達臺灣之前，他已完成了他在臺灣的第一個作品——位於長濱鄉的長光天主堂設計。

在臺灣整整四十年的傅修士，一共設計了大大小小包括民宅近四十棟建築。都歷天主堂、泰源天主堂、都蘭天主堂、寶桑天主堂，救星教養院、貞德學舍，東區職業訓練中心，是他在臺東的作品代表，位於東河鄉的小馬天主堂更已名列臺東的歷史遺跡。

除了臺東，全臺灣各地幾乎都可以看見傅修士的設計建築，像是花蓮縣崇德天主堂、聖馬爾大修女會、三棧天主堂、瑞穗天主堂，臺南市的老吾老院，就連臺灣最南端的墾丁天主堂都是傅修士設計，其中最特殊的是，身為天主教修士，傅修士也為基督教的長老教會設計禮拜堂，很有特色的臺東市基督教長老教會的禮拜堂，就是出自他的手筆。

傅修士的建築並沒有特殊的學理概念，「住得舒服」是他堅信的建築原則。在瑞士讀了幾年建築科系的傅修士，自認不是讀書的料，從學校出來後，便認真在建築事務所實習，打下深厚基礎。在來到臺灣前，他已在瑞士蘇黎世設計興建了一座教堂。來到人生地不熟、言語不通的臺灣東部，傅修士在監工時，發生了不少雞同鴨講的趣事，然而就連傅修士自己都說，主教不喜歡他到工地去，因為他要求完美的脾氣，常與工人一言不和地吵了起來。在我聽過所有他最好笑的監工軼事，莫過於有回他在北部某處監工，為了檢查施工品質，高大的傅修士像蜘蛛人般地攀在二樓陽臺，一個不小心，竟掉了下去，他穿越樓下的屋頂，直接掉進人家的廚房。據說

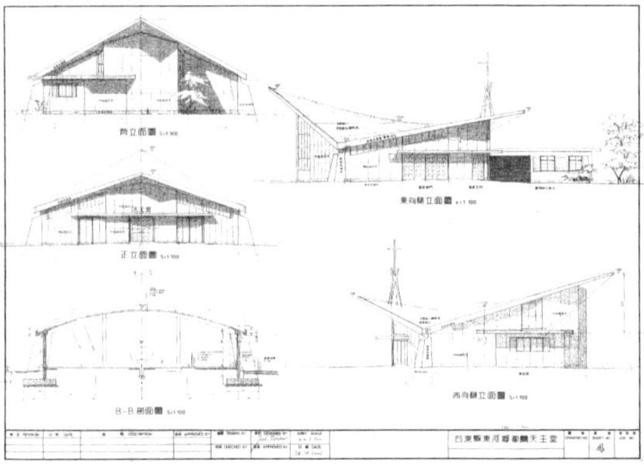

傅修士很會畫圖，他的建築設計圖，簡直如藝術精品。在臺灣設計興建了大批房子，傅修士告老還鄉前，將數百張有如藝術品的建築藍圖設計圖，全數捐給了臺東國立臺灣史前文化博物館。這一批設計圖清晰而深刻地保留了傅修士在臺灣近半世紀的設計軌跡。

那正在炒菜的婦人被這從天而降，穿頂而入的洋鬼子，嚇得鍋鏟一扔，連火都不顧地逃出家門。

年歲漸高，傅修士終於在幾年前告老還鄉，不過他在臺灣，尤其是東海岸的幾座教堂，已成為臺灣建築學子的最愛，三不五時，就有一群群學子來參觀他設計的教堂。

傅修士的教堂雖有西式簡約風格，但所用的材料全來自本地，為選擇適當的大理石，傅修士曾一趟趟地來到大理石廠挑選石材。

傅修士眾多教堂裡，最具代表性的一座當屬位於阿美族與卑南族聖山——都蘭山腳下的都蘭天主堂。初建於一九五八年的都蘭天主堂，因原有建築為海砂興建，安全堪慮，二〇〇五年初動土重建，同年七月完工獻堂。

這座雙曲拋物面的屋頂，側面看來，宛如天使雙翼，無梁柱的室內空間，更顯得輕盈聖潔。外觀為洗石子面牆的建築，與東海岸的自然景觀，融合一體。

一枝獨秀的都蘭天主堂，在東部豔陽下，為傅修士在東部長達四十年的建築生涯裡，留下了最漂亮的標記。

傅義修士於2018年10月18日在瑞士過世。在瑞士養老的那幾年，傅修士為失憶症所苦，但他一直想念生活了近四十一年的臺灣，有回甚至還瞞著會士買了回臺灣的單程機票。當瑞士會院找不到他而緊張萬分時，傅修士竟身無分文地在桃園國際機場請朋友來接他。我們的修士脾氣不好，卻為東海岸留下四十多座美麗的教堂，這些教堂依山面海、大小不一，堪稱東海岸最美的一串珍珠。而傅修士近兩千五百件設計稿，在他退休返回瑞士前也全數捐給臺灣史前博物館而永留臺灣。

時間像篩子，傅修士雖已返回天鄉，但他設計的教堂在那漆黑的海濱與山巔，繼續發出溫暖的光芒，讓人銘記白冷會士對東部的貢獻與發人深省的精神。

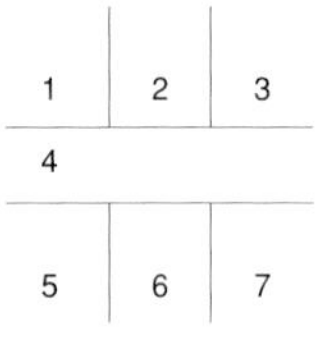

1. 為大武鄉的南興天主堂
2. 為桃源天主堂
3. 為加羅板天主堂
4. 為小馬天主堂內觀
5. 為鸞山天主堂
6. 為鸞山天主堂內觀

以上教堂皆為傅修士所設計。

（傅修士照片為林至柔修士所拍攝）

南興天主堂

桃源天主堂

加羅坂天主堂

林至柔修士與他的攝影

如果我們打臺東最北端的教堂（也包括美麗的基督教教堂）走起，我們除了能一飽臺東縣傲人的自然美景，更可以對臺東縣的人文歷史有清晰的認識。這一頁歷史中，最動人的莫過於白冷會在臺東服務近一甲子的動人故事。

白冷會在臺東海岸山脈兩側建立了數十座教堂，每座教堂除了深富特色，更是旅人最佳駐足停留之點，尤其是那幾位仍在與已故的傳教士故事，更可以撫慰遊人的心靈。

長濱、長光、宜灣、白桑安、烏石鼻、新港（成功）、都歷、小馬、東河、泰原、鬬山、隆昌、興昌、都蘭、鹿野、桃園、衫原、加鹿蘭、臺東市、卑南、康樂、太麻里、嘉蘭、多良、金崙、下大溪、土坂、大武、尚武、大鳥、南興、森永，都可以看到白冷會興建的教堂，這些美麗的地名，對西部人來講全是神祕又陌生的化外之境，然而對六十年前就來到東部的白冷會士而言，卻是他們獻身大半生命、甚至長眠的地方。

美麗的教堂為我們永遠保留了他們的故事，白冷會林至柔修士（Rev. Fritz Weber, SMB,1932~）的攝影，更為我們凍結住那永不重逢的光影瞬間。就因為這批精良的照片，我們終能明白，那些快成傳奇的故事，原來曾如此活生生地存在過。

只要有機會親炙這些圖像，仍會為影像中的人、事、物感動不已。

林至柔修士

林修士是位藝術家，但他自己卻不以藝術家自居。林修士外表嚴肅，但內心纖細，他很高興在臺灣最後期間，能在萬華平安居服務。這位在臺灣服務了大半生的修士，以他的攝影，為他在此間的生活做了最深情的紀錄。

林至柔修士／攝影專輯

若沒有林修士的攝影，將不會有《海岸山脈的瑞士人》和《公東的教堂》。我與白冷會雖結緣甚早，但懂得珍惜他們作為時，他們已大多不在人世。林修士以他獨到攝影，為我們鮮活保留下那永不重逢的人、事、物。
林修士的攝影題材無所不包，沒有專業的迷思與包袱，他想拍什麼就拍什麼。就是這開放視野，竟意外將臺灣過去幾十年的民生與自然面貌，生動記錄。
林修士回瑞士養老前，在臺北萬華平安居服務，彼時他幾乎整天與遊民一起。這也成為他在臺灣最後的攝影題材。從他的遊民影像中，我們驚覺在一個富裕社會裡，仍有許多受過傷害，沿著都市底層爬行，性命堪慮的同胞。
年過八十的林修士，在瑞士可享優惠搭乘交通工具，為此，只要哪邊有有趣的事，他就帶著相機出門。
林修士熱愛生活，回瑞士前，他竟將所有影像的底片，遺置在臺東的白冷會院裡……藉這個迷你攝影專題，獻上我最誠摯的敬意與謝意。物換星移，他的影像，卻讓我們有機會窺見，那一個永不復返卻值得感懷的時代。

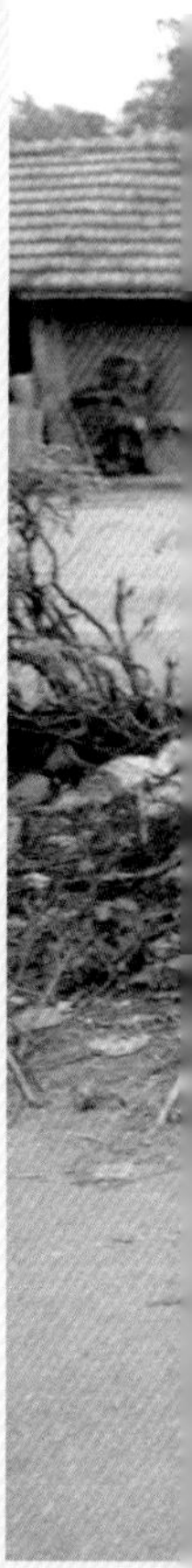
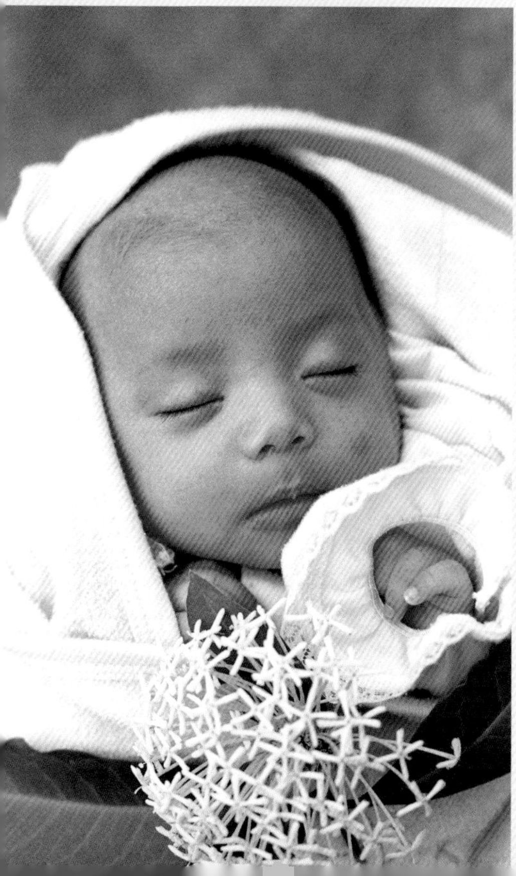

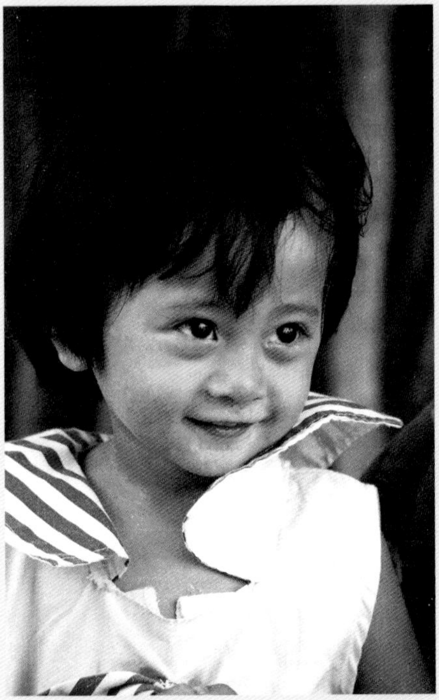

「溫暖柔和的朝陽，悄悄走進東部的草原，山仍好夢，草原靜靜，等著那早來的牧童……」來自東部卑南族的民謠歌手胡德夫，在他〈牛背上的小孩〉這首歌裡詠唱童年的家鄉。林修士的攝影更溫柔捕捉了東部的風土人情，他鏡頭下的人物是那樣的怡然自得與高貴，有趣的是，我們好像從沒有如此深情地端詳過我們的近人。

「水牛、香蕉、稻米、玉蘭花。」民謠歌者李雙澤，曾這樣讚美他的美麗島。

林至柔修士的影像對這島嶼的深情凝視，怕是有過之而無不及。218頁中推著雜貨四處販賣維生的盲眼人、溪畔大石頭上的泥娃娃、播種的農人，超載過度的莊稼人、收取老竹的山林老嫗、小姊弟、新生兒……讓我們有機會瞭解，這土地上的人是如此辛勞、勤奮地來博取生存的溫飽。

這些快化為煙灰的影像，也讓我們省思——由貧窮進入富裕後的臺灣，在精神方面，失去的又何止一點點？

史泰南神父

白冷會的神父與一起服務的夥伴們，在東部譜出了動人心弦的生命之歌。

史泰南神父（Rev. Dominik Stener, SMB,1916~2002）在宜灣天主堂整整服務了三十九年，這位永保赤子之心的老先生是宜灣之寶。

一九六〇年來到臺灣的史神父，最先是在太麻里大溪天主堂服務，一九六三年來到宜灣天主堂後，就再沒有離開。這位精通法、德、拉丁文、日語的神父，最後竟能以流利的閩南語與阿美族語與當地教友打成一片。

對貧困的人無法坐視不見的史神父初到宜灣時，每回出門，總將鈔票帶在身上，善良的百姓們卻不知這老外要幹什麼，以為他是像一般放高利貸的人，怎麼都不敢接受他的資助。

在宜灣一段時間後，有一天他對教友說，你們的傳統衣服那麼漂亮，平常為什麼不穿呢？第二天一早，史神父不顧教會規定，穿上原住民傳統服飾做彌撒，徹底與教友融成一體，讓參與彌撒的教友、修女，瞠目結舌地說不出話來。史神父更叮嚀當地人視他為部落裡的一份子，不可對他另眼相待，唱歌、跳舞、喝酒、抽菸都要知會他。

這位有顆童心的老先生，在宜灣發揮愚公移山的精神，他將教堂後山剷平，作為農地，一年四季，蔬果不絕。

宜灣天主堂

宜灣天主堂是臺東縣的歷史建築遺跡，這張攝於半世紀前的教堂，是座美麗建築，更是史泰南神父的家園。幾可想像，位於半山腰的教堂，半世紀前多麼漂亮與浪漫，夜幕低垂，從太平洋上，遙望教堂十字架發出的光芒，會是多麼動人。（黃貴潮先生提供）

史泰南神父是宜灣之寶，從1963年到宜灣後，就再沒離開，這位可愛的瑞士人，早視自己為本地人。生前退休之時，由於還能照顧自己生活，瑞士總會並未強迫他返回瑞士，讓他如願以償地長眠在這塊土地上。一位遠方來的外邦人如何贏得本地人的敬愛？入境隨俗而已。據說史神父47歲初到宜灣時，每當原住民慶典，總有人請他與耆老同座，由於原住民非常注重輩分，史神父自認輩分不足，堅持不允、而與同輩坐在地上，直到他年高望重，他才欣然地坐上長輩位置。（白冷會提供）

史神父與父母、妹妹的合照

小史泰南自小就是個快樂小孩，他一輩子保有童心，直到被天主召回。（白冷會提供）

初晉鐸的史泰南

青年史泰南剛剛升為神父，年紀輕輕的他，當神父沒多久就去到中國，後來又去日本，最後在臺灣東部落腳，成為不折不扣的海岸山脈瑞士人。（白冷會提供）

愚公移山

宜灣天主堂後本有座小山丘，每到下雨，底下教堂就會積水。史神父發揮愚公移山的精神，徒手將它剷平，開墾為菜埔良田。這幾張寶貴照片，讓我們領教到這瑞士人多麼喜歡做活，更讓我們明白，原來教堂後的小山丘，真是讓他給剷平的。（白冷會提供）

史神父已是宜灣風景的一部分，在他身上，我們可驚見基督的許多面向，他是那麼喜歡與人在一起，就是陌生人在他眼前，他都會稚真地看著那人，好像早已熟悉。老人退休後，更將時間花在田地上，雖然不再負責行政事務，本堂神父仍尊重他，由他做平日彌撒，讓他每天一早與教友在教堂裡，讚美造物者。（攝影/林至柔修士）

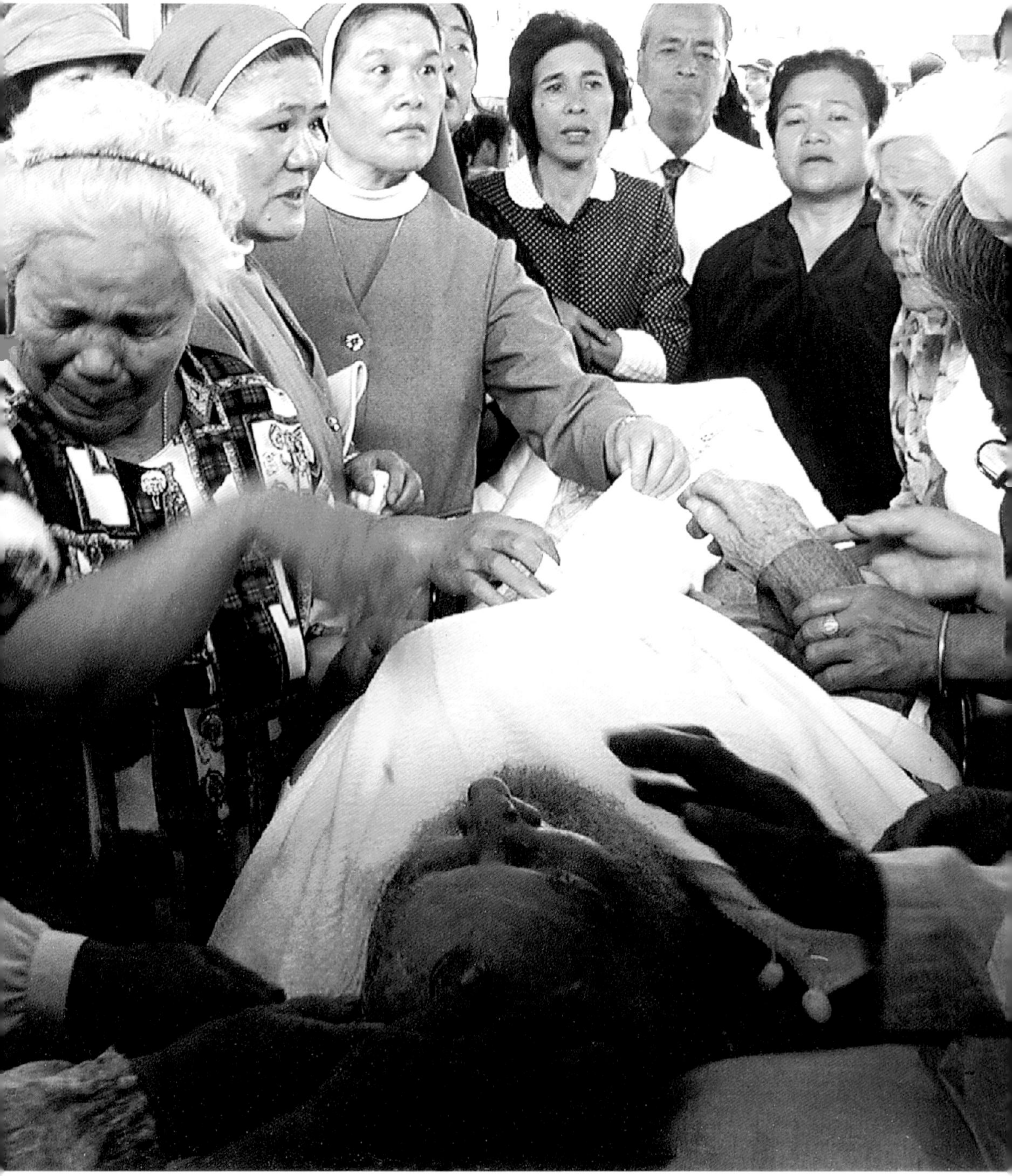

一九九二年，七十六歲的史神父屆退休之齡，他卻要求長上不要將他送回瑞士，他直言，瑞士已沒有親友，宜灣是他的故鄉。

二〇〇二年三月二十三日清晨，史神父像往常一般地起來做平日彌撒，走到教堂時，竟蹲了身，一旁的教友，問他要不要休息？他直說沒事，再往教堂走去，然而就在進入教堂後，史神父卻倒地不起。救護車將他緊急載往醫院，在途中發現史神父已沒有生命跡象，在做完例行檢查後，醫院又將他的大體載回他最心愛的宜灣天主堂。

我們從當地一位教友所拍的照片中，幾乎可感同身受，教友們的不捨與悲慟，這位老人已是他們家族的一份子，他們是那麼習慣教堂裡有位不動如山的長者，有事

真情裝不來，史神父意外過世後，大體從醫院送回宜灣，能來的教友全來了，他們摸著神父的頭、手、腳，萬般難捨，傷心欲絕。史神父一生淡泊名利，更不戀棧物質，據說，入殮時，鄉親們竟找不到一套沒有破洞的衣服。一位教友連夜趕到臺東，為神父買到一套特大號西裝，讓他體面地離開。火化後的史神父被教友迎回本堂，長眠在他自己開墾的土地上。在臺東成功鎮從事文史工作的王河盛先生，為我們拍下這張動人照片，特此致謝。（王河盛先生提供）

沒事都可以來找他商量，然而生命就是這麼殘酷，史神父不給任何人添麻煩，連再見都未說便與世長辭。

今日，若來到宜灣天主堂，在教堂邊居高臨下的土地上，就可以見到史神父的墳，他的教友這樣不捨他，雖不能再見到他的人，但那一座可以眺望太平洋的史神父之墳，依然能帶給他們安慰。

姚秉彝神父

宜灣天主堂與宜灣長老教會，同為臺東縣的歷史建築，由這往南可經過石雨傘與三仙臺風景區，再往南一點，就是新港漁港所在地的成功鎮。

成功天主教堂是白冷會在臺東的第一座教堂，幾乎與錫質平神父同時期到臺灣的姚秉彝神父（Rev. Jorrit de Boer,SMB,1911~2002），一九五五年向自己的姊姊募款，興建了這座可容納兩百人的教堂，當年是當地民眾颱風來襲時的避難所。

姚神父是白冷會在臺東唯一的荷蘭人，我對他的傳教大業在《海岸山脈的瑞士人》裡有動人描述，這位待過東北，又來到臺灣的荷蘭人，有段時期鬍鬚很多，教友們戲稱他為「Tauwasi」（日語，棕毛刷子）。姚神父極有語言天分，仍在臺灣時，中央研究院的學者要探討阿美族文化時，總會請益於他。

一九九一年，由於年邁，行動不便，但又不願增添別人負擔，姚神父奉命退休返回瑞士，二〇〇二年以九十一高齡回歸天鄉。

姚秉彝神父如同錫質平神父一樣，很早就來到臺東。這位很有個性的神父，據說傳教大業是藉著一瓶米酒所賜。當年，他代步的摩托車起火燃燒，不歡迎他的原住民仍幫他滅火。為答謝相助，姚神父提著米酒到訪，原住民因為這老外會喝米酒，終於打開心房接受了他。（攝影/林至柔修士）

孟淑貞修女與布素曼修女

成功鎮，除了有白冷會的教堂，更有同樣來自瑞士的聖十字架修女會在此服務。多年前，當《海岸山脈的瑞士人》出版時，幾位瑞士籍的修女對我開玩笑抗議說：「Nicholas！為什麼海岸山脈的瑞士人只有男生，沒有女生？」

聖十字架的修女極其低調，想要採訪她們的所作所為，比登天還難，然而在這我仍得補上一筆：這幾位長期在後山做居家護理服務的修女，是白衣天使中的天使。

孟淑貞修女（Sr. Moderata Zwicker,1896~1980）最早在東北服務，一九五五年，來到臺東，在這一直待到過世，她在臺東從事醫療服務超過二十年，當地人都稱她為修女婆婆。孟修女生前，週一到週五是她巡迴出診的日子，當年公路局班車的司機都知道她要搭的班次，總會等她。偶爾遇到沒等到的日子，司機先生也會沿途留意，一看到她，馬上停車，非得請她上車才繼續前進。一九八〇年十月五日清晨，孟修女回返天鄉，眾人尊崇她的遺願，讓她如願以償地安葬在關山公墓，成為永恆的海岸山脈中、女性瑞士人的第一人。

我與同樣在成功服務的布素曼修女（Sr. Martinella Bussmann,1935~2010）有過幾面之緣，我對修女最深的印象卻不是她的醫療服務，而是她烤的餅乾。

布修女在一九六三年，時年二十八歲就來到後山，長期在做居家護理醫療的她，生前最怕被採訪，她除了做居家護理，每週五還到泰源監獄探訪犯人，鼓勵他們，

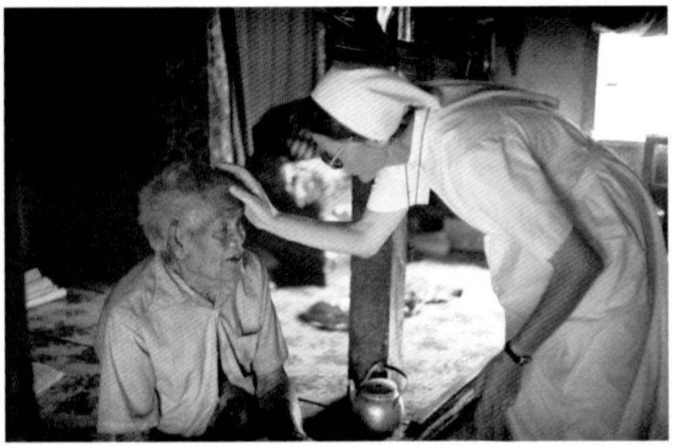

後山的白衣天使

位於成功的聖十字架修女們，大多具有醫療背景，修女們杯水車薪的工作仍帶給當地人不少安慰。一顆仁慈與體貼的心，是良藥中的藥引。而這藥引卻在新藥眾多、卻諸多訴訟的現代社會裡，如此難求。（攝影/林至柔修士）

上二圖皆為葛玉霞（Sr. Genesia Felder）
左頁：布素曼

除了對病患的照顧，布修女特別擔心對未來不知要做什麼的孩子。曾有人請教她臺東今昔的差異，她說：「以前的人是沒錢，沒辦法就醫或改善生活；現在的人是心靈比較匱乏，卻找不到治療的藥。」

布修女在臺東後山一待就是四十七年，二〇一〇年一月十六日那天，她因身體不適被送到醫院，第二天一早就與世長辭。她與孟修女一樣，如願以償地長眠在這一處她深愛的土地上，曾獲醫療奉獻獎的她，生前最遺憾的是沒有拿到中華民國的身分證。

成功的聖十字架會院仍有幾位在做醫療服務的修女，為了不打擾他們低調的醫療服務與生活，在這我只有按下不表。

池作基神父

由成功再往南，我們可經過傳修士設計的都歷天主堂，再往南走，就可抵達小馬與東河天主堂，這兩座教堂有位已成海角傳奇的池作基神父（Rev. Meinard Tschirky,1930~1992），與英年早逝的紀守常神父一樣，池神父的個性相當活潑，更喜歡與原住民朋友歡樂共舞。一九五七年就來到臺東的池神父，先在其他地區服務，一九六一年調來東河堂區後，再沒有離開。

一九九二年四月，池神父右耳上方被檢查出罹患皮膚癌，在臺灣診治無效後，同年七月十六號被送返瑞士。在瑞士養病期間，這位曾做過臺灣白冷會區會長的神

池作基神父是海岸山脈的傳奇，這位長眠於此的瑞士人，生前已成為地道原住民。原住民教友愛極了這位與他們融為一體的異鄉人，而這位老外臨終前，也撐著病體，不負所愛地及時趕回，好與他的同胞永不分離。出殯那日，教友們以大禮，從東河天主堂一路將池神父抬到小馬天主堂安葬。漫長的送行隊伍在美麗的東河橋上，讓人感動莫名。（P239上圖）（攝影/林至柔修士）

父，一直哭著要求他的瑞士長上，讓他死在他的故鄉臺東。

拗不過他請求的長上，最後破例同意他返臺。同年十月二日，一位瑞士護士隨機同行，一路將他護送回臺灣。據說，當飛機在臺東機場降落時，臺東聖母醫院的救護車已在停機坪等待。被直接送進醫院的池神父，同年十一月六日病逝聖母醫院。

我們從林修士所拍的葬禮照片中，再度感受到當地教友的哀戚與不捨。他們將池神父的靈柩，一路從東河天主堂扛到鄰近的小馬天主堂安葬。

今天在小馬天主堂後面，就有包括池神父在內的幾座白冷會士的墓園。

對我而言，這幾位長眠於此的會士，早成為這兒的守護神。他們不會顯奇蹟，也不會展大能，但他們至死不渝的愛卻能影響人靈，更迴盪在海岸山脈的各個角落，只要被提起，仍是如此教人悸動與感傷、無法忘懷。

我們的神父在臺東生活了快半世紀，他們個個從青壯小夥子，到今日童山濯濯的老人，再壯闊的生命之歌可能也不過如此。

李懷仁神父

離開東河天主堂，你若願意走山線，就可進入花東縱谷去拜訪白冷會在泰源、關山、池上的教堂，由於篇幅有限，我們仍沿著海岸線前進。在離開東河天主堂後，會經過都歷與隆昌天主堂，若往興昌天主堂，就會來到傅修士的扛鼎之作——都蘭天主堂，這棟美麗的建築已是都蘭的新地標。

小馬天主堂後的墓園

包括池作基神父在內的墓就在小馬天主堂後。這群天邊來的異鄉人，青年時從那一山到這一山，最後化為海岸山脈。他們已成為這兒的守護神，雖不會顯奇蹟、展大能，但那一頁愛的故事，仍會繼續流傳下去。

如果我們以為這些外邦人當年在這傳道，一帆風順，將大錯特錯。高壓白色恐怖時期，他們的行動與作為，比尋常百姓更受監視，若沒有一個更高的信仰為後盾，就連修道人也很容易掉入設下的陷阱。然而也是這信仰，在高壓戒嚴解除後，他們壓根懶得去提這些不快。

美麗的都蘭山是阿美族與卑南族的聖山，東海岸的風景管理局在這設計了幾處可瞭望海岸線的陽臺，只要有機會登高，就會發現東部海岸，竟是這樣地漂亮。

由都蘭再往南就是富岡漁港，若想買新鮮的魚，每天清晨，這兒都有剛捕獲的魚拍賣。由富岡再往南，就是臺東市，歐修士每天去游泳的國王泳池（人工湖）就在海岸公路的左手邊，這也是親近東海岸、聽潮的最佳地點之一。

讓我們先繞過臺東繼續往前，東海岸的景觀由此全然改觀，很多時候，海岸公路緊貼著山壁而行，左邊，有如藍寶石的太平洋愈來愈遼闊，絕對稱得上世界級景觀。

進入南段海岸線後，首先抵達的是建於一九五九年的太麻里天主堂。

在太麻里服務長達三十七年的李懷仁神父（Rev. Paul Ricklin, SMB,1936~2006）在一九六四年來到臺東，這位沉默寡言的神父很怕吵，只要有卡拉ＯＫ的場合一定躲。

我曾為李神父拍過照，領略到他一句話當半句講的本事，我曾為此誤以為他反應遲鈍，沒想到多年後，他仍記得那個為他拍照的午後，他所描述的情景幾乎比我銳利的影像還要細膩、精確。

二〇〇六年初，李神父被診斷出是攝護腺癌末期，為了不給別人添麻煩，李神父同年七月返瑞士總會院，半年後與世長辭，長眠在白冷會在瑞士的墓園裡。

李懷仁神父

李神父大半生在太麻里度過，這位沉默的神父記性甚佳，每週一都一個人從太麻里坐公車回臺東白冷會院與其他弟兄團聚，再默默離去，數十年來，他就獨自如雲彩自由來去。直到他逝去，某些陰鬱時刻，我們才領教來去無蹤的雲彩竟可以這樣漂亮。（攝影/林至柔修士）

胡恩博神父與費道弘神父

太麻里天主堂在李神父之前，還有胡恩博神父（Rev. Otto Hurni,SMB,1913~1969）與費道弘神父（Rev.Patrick Veil, SMB,1901~1988）在此服務。

數年前，《海岸山脈的瑞士人》出版之後沒多久，有太麻里的教友寫信給我，為什麼書中沒有介紹深受他們喜愛的胡恩博神父？這位一九五五年就來到臺東的神父，深受當地百姓喜愛，除了會修車，胡神父更會烘焙精美的甜點，為了增進當地經濟，胡神父還曾向家鄉的教友募款，興建了嘉蘭部落對外的產業道路。

長年受肝病折磨的胡神父，一九六九年七月因肝癌惡化，終告不治。生前，胡神父要求能葬在太麻里天主堂的庭院裡，好跟他的教友永遠在一起。當地政府深知胡神父的修為，竟破例准許胡神父長眠在太麻里天主堂，而非葬入公墓區。

胡神父是白冷會在臺逝世的第一人，他比其他弟兄都更早成為海岸山脈的一部分。

總是傾斜著身子的費道弘神父，在一九〇一年出生於德國。加入白冷會的費神父三十歲那年就抵達東北傳教。一九四八年一月二十八日，共產黨押著費神父與另一位中國籍修女至村外逼他們背教，誓死不從的修女與她的姊姊，當著費神父的面被射殺，由於是外國人，費神父雖保住老命，但因身體嚴重受折磨，自那時起，他的身體無法自主地傾斜一邊。

胡恩博神父（右圖站立者）

胡神父56歲就因肝癌過世，是第一位長眠於海岸山脈的瑞士人。生前他常自嘲，自己的禿頭可以讓他晚上出門不用帶手電筒。（白冷會提供）

費道弘神父

費神父素有「小朋友」之稱，據說他身上常帶有玩具，好隨手給周圍的小孩。人跟人之間，尤其是與孩子們的關係無法勉強。這幾張攝於半世紀的影像，裡面的小童今日可能都已是祖父母輩的人了，然而一位異鄉長者的仁慈，卻是他們一生最甜美的回憶。（白冷會提供）

幼稚園的小童

白冷會士非常強調孩童精神，他們的會憲清楚訂下，願自己能效法孩童完全信任的態度，幫助他們忍受巨大困難和克服失敗。小孩子在他們的眼睛裡都是無價之寶，而他們創立的幼稚園也以「天真」命名。這張攝於五〇年代照片，影像中快樂的孩子大多沒有鞋穿，讓人看了既心疼又感恩，富裕後的我們，在鞋子多到穿不完時，卻連天真也不見了。（白冷會提供）

一九五一年被驅逐出境的費神父，四年後來到了臺東，這位神父很喜歡小孩，他很喜歡收集玩具，且隨時帶在身邊，方便就近給孩子們，為此他得到了「小朋友」的封號，我們從那些早已發黃、變質的照片裡，仍可以看見他的慈愛，他與孩子們稚真互動的畫面，依然能讓人眼角溼潤。

一九八六年，高齡八十五歲的費神父堅持在臺東會院終老，不願回國，然而在人手不足的情況下，「小朋友」勉為其難地回返瑞士，兩年後與世長辭。

吳博滿神父

白冷會全盛時期，共有四十幾位會士在東部服務，如今人事全非。能力有限，我不可能為他們一一行書立傳，只能就現有資料，輕描淡寫其中幾位，然而他們服務人群的精神卻是全然一致，讓當地人懷念不已。

曾任白冷會臺灣會長的吳博滿神父（Rev. Enrst Uebelmann,SMB,1911~1999）就是一例。這位神父當年曾因為擔心原住民學子考不上公東高工，堅持不讓公東高工改制。

一九五三年，吳神父被大陸驅逐出境後，兩年後就來到臺東。正值壯年的吳神父見到需要幫忙的人，總是同理心大起的立即行動。幫別人負擔醫療費用、送別人去讀書、甚至幫別人還債，把被騙的土地買回來，都是他做過的事。

吳博滿神父

吳神父生日慶祝會，魯凱族同胞全都盛裝出席。一位異鄉人最後能與異國子民共同生活、成長，分享生命，是為人最快樂境界。這一生都低調行事的長者，是許多人最深刻美麗的回憶。（攝影/林至柔修士）

一九九二年，吳神父年事已高，百般不情願地被送回瑞士。之前，他早就聲明希望身後能葬在他當年開教的大南天主堂。身為修道人，服從是他們的天職，臨行前，吳神父將所有的積蓄、包括教友給他的紅包全部捐了出來。當教友得知再也留不住他時，特別為他準備了包括配刀的魯凱族傳統服飾，吳神父將這寶貴的禮物帶回瑞士。據說，多年後，在聽到臺東的修女、教友組團去瑞士看他，在等待他們到來的那個早晨，吳神父在瑞士的白冷會院裡早穿上了魯凱族的傳統服飾、腰繫彎刀，等待與他的族人重逢……

一九九九年吳神父安息在瑞士白冷會的墓園裡。

太麻里地區還有數座教堂，其中建於一九五八年的嘉蘭天主堂最教人感慨。位於盛產洛神花、太麻里溪畔的天主堂，一九九五年，以卑南藝術家的設計重新修建。二〇〇五年海棠颱風過境，太麻里溪山洪爆發，嘉蘭村十六戶民宅被沖走，其中也包括了位於溪邊的天主堂。完全原住民風格的教堂，只剩十字架與聖母亭的地基未被沖走，整座建築了無蹤影。

第二年，兼管此處的李懷仁神父獨立募得一千萬元教堂重建基金，未及見到動工，李神父便因癌末離開了深愛的太麻里。二〇〇九年莫拉克颱風、八八水災重創南臺灣，嘉蘭村六十戶房子全被沖入洶湧的太麻里溪，其中也包括了天主堂僅存的地基，這一處擁有無數愛與記憶的教堂終於化為烏有，回歸自然。

位於臺東縣金鋒鄉嘉蘭村的聖馬爾定天主堂，位於溪邊，曾多次毀於天災。2004年，再度被沖毀的教堂這回以原住民文化特色重建，其中最特殊的是，懸掛在教堂內，由精通傳統刺繡教友完成的「耶穌最後晚餐」壁畫，刺繡中除了基督，十二位門徒全變成排灣族人。
2005年，美麗的教堂再度毀於山洪爆發。2009年的莫拉克颱風更讓殘存的教堂地基、聖母亭，全沖落於溪床。

我於2004年應天主教某單位邀請拍攝原住民月曆，意外來到這剛落成的教堂。
教堂邊的欖仁樹，滿山滿谷的金針花，慈愛的原住民長老，讓我有置身伊甸園的錯覺。彼時我怎麼都無法料想這座教堂有天會化為烏有？更無從想像殘酷的八八水災會將嘉蘭村六十戶人家沖進洶湧溪流裡。

十多年後的今天，重新檢視這張影像，才明白上帝曾賜給我一次絕無僅有，卻足以銘記一生的相逢，而這張隨意拍下的相片，竟為這不復在人間的美麗教堂，做出了有圖為證的深情見證。

由太麻里天主堂再往南行的臺九線上，就可以看見饒富原住民風味的金崙天主堂，這座教堂是東海岸的異數，全以排灣族圖騰裝飾。由於人手有限，白冷會早將這地區的教堂交由另一修會管理，你若有機會來此，務必在這停留，尤其是教堂正右後方的小堂二十四小時日夜開放。進入這間祈禱小室，請靜默，那是人心與上帝對談的神聖之處。

當年在金崙天主堂服務的龔岱恩神父（Rev.Joseg Guntern,1915~1987）於一九五四年來到臺東，一九八七年，龔神父病逝於臺東，長眠在金崙公墓。

金崙附近還有土坂、大鳥、大武、尚武天主堂，其中土坂天主堂全以排灣族的藝術風格裝飾，這與當年在此服務的艾格里（Rev.Hans Egli,SMB,1929~2013）神父有密切的關係，依然健在的艾神父是著名的人類學家，對臺灣原住民的研究非常有貢獻，幾位與艾神父一起研究的原住民教友在學術圈也有相當的地位。

聖十字架女修院

在我們繼續前進時，尚武的聖十字架女修會，是另一個重要地方。這座為當地服務多年的女修院，與臺東康樂的救星教養院有直接的關係。

一九七五年白冷會的蘇德豐神父，在山上看到一位被關在籠子裡生活的智障小

聖十字架傳教會修女

聖十字架會修女，隨白冷會到來後，就在後山從事醫療奉獻的服務。我們總以為修道人天生富有愛心，其實「愛」需要鍛鍊與發願博取。那些被社會擠到邊緣的殘障兒，在基督的眼裡，都是寶貝生命。而那些孩子對照顧者最大回報，就是現代人很難再獲得的信任與真誠。（攝影/林至柔修士）

左上：石秀玉
右上、下：宋玉潔

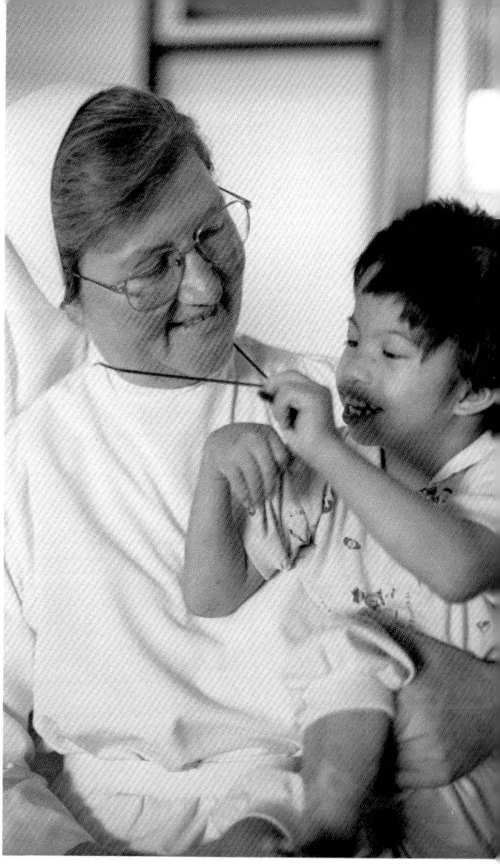

孩，小孩的雙親無奈地表示，由於要工作，這孩子常一個人就不見，只好將他關在籠子裡。徵得小孩的父母同意後，蘇神父找人用板車一路將小孩從山上帶下來，交給同為瑞士籍的石秀玉修女（Sr.Ida .Maria Schnetzer,1927~）照顧。一九六五年來到臺東服務的石修女曾得過醫療奉獻獎，幾年前，由於不願拖累別人，她終於百般不情願地接受了會裡規勸，返回瑞士。同修院的宋玉潔修女（Sr. Miljenka Schneter,1943~）仍在尚武會院做居家護理的服務。

白冷會與聖十字架修女會的精神感召了許多在地人加入，高素雲修女就是其中一位。

一九四四年生於都蘭、阿美族的高修女，一九六三年加入了聖十字架修會。一九七三年，聖十字架修女會的總會長來到臺東尚武，經修女表決後決定在尚武成立收容重度智障與殘障的教養院，當會長問到誰來負責時，高修女舉起了手，在此之前她曾照顧過幾位被遺棄在會院門口的殘障兒，她知道這是上主對她的召喚，為此發下宏願：「從此，我就是他們的媽媽了！」

高修女在救星教養院整整二十八年，她在救星的領悟是：「孩子給她的，遠比自己給孩子的多。愛心不是天生的，需要培養。照顧殘障兒，一般的耐心是不夠的，還要有瘋狂的忍耐與愚蠢的愛，才有辦法做到。耶穌的愛，是最好的榜樣。這個工作讓她尊重生命，完成天主託付的使命。」

間接促成救星教養院成立的蘇德豐神父（Rev. Gottfied Suter,SMB,1929~1989）是白冷會藝術才情最高的人，這位長得像彌勒佛、一九五七年就來到臺東的瑞士人在東海岸留下了無數藝術遺跡，當年傳修士設計教堂，內觀裝飾幾乎全由蘇神父負責。

一九八九年，六十二歲的蘇神父死於大腸癌。據說，這位熱愛生命的神父最後在聖母醫院期間，在還能走動時最喜歡趴在嬰兒室的玻璃窗上，往裡瞧那些眼睛都還未張開的新生兒。幾次駐留後，蘇神父對照顧她的修女說，他終於明白，生命有來就有去，有開始就有結束。他最後釋懷地交託了自己的生命，與世長辭，安息在這塊土地上。

離開了尚武往南走，就可以來到南興，這兒就是錫神父當年開教的地方，南興天主堂依然屹立在藍天下。再往南興村南面走來，就可抵達南興排灣族頭目劉氏家族的私人墓園，沁寧園裡最大的一座墳就是他們尊稱「錫公」錫質平神父的墓。

公東高工的校友們，每年都會到這來探望他們最懷念的神父，東海岸的海風，從海那方不斷颳來，雖然再也看不到錫神父，但知道他故事的人，只要在這，都會受到無名的震撼與洗禮。這天邊來的異鄉人，謙卑地讓自己化成一顆入地的種子，為東海岸結出了最美麗的人文果實。

于惠霖神父與紀守常神父

再往南興過去就是南迴公路，白冷會兩位依然健在的神父，隨著原住民教友的外移，跟著去服務他們，其中于惠霖神父（Rev. Urich Scherer,SMB,1934~2020）在高雄小港天主堂服務，賈斯德神父在桃源天主堂，與他的布農族同胞在一起。

于惠霖神父是白冷會最佳男中音，聽過他演唱的人，總為他飽滿的聲音感動。于神父是性情中人，為慶祝當神父五十年，年前有家天主教出版社出版了發生在他身上的故事集，裡面除了提到他當年在瑞士裝鬼嚇人，還提到他與紀守常神父的故事。

紀神父英年早逝，連再見都未來得及說，于神父對這位小名叫 Freddy 的好友懷念不已。在臺東服務時，為了節省時間，于神父就是在深夜騎摩托車，都故意走一般人不敢走的臺東公墓，也順便向他的好友紀神父打招呼。然而，每回快到紀神父墳前，他總發現紀神父的墳會發出不尋常的亮光，好像在等待他的到來。

有天深夜，于神父再也忍不住，終於停下車來瞧瞧Freddy，是不是有什麼訊息要給他，就在他兀自享有這浪漫祕密時，一輛遠方的摩托車，粉碎了他的想像。原來紀神父墳墓發出的亮光，竟是自己摩托車大燈照至紀神父大理石墓碑的反光。

蘇德豐神父

蘇神父是白冷會的藝術家，舉凡雕刻、繪畫、寫詩、音樂無所不能。這位神父與原住民教友處得非常好，往往人們吃什麼，他來者不拒地跟著照吃，曾有人請他吃飯時問他有沒有忌口的食物？他會錯意地慎重回答，除了貓肉還沒吃過，其他都嘗過了。（攝影/林至柔修士）

紀念於台東鹿野アミ族
1956、6、3

于惠霖神父

于神父當年初到臺灣時曾發生不少文化差異趣事，據說他去理髮，聽到店家要請他吃飯的客套話，竟會在店裡傻傻等到店家打烊，卻什麼也沒吃到。有回他與另一位神父去游泳，車鑰匙隨著脫下的衣服，全被鎖進後車廂。為了返回城裡取鑰匙，他們只好向當地農家借衣服，據說一路上，路人不停以奇怪目光看著只穿緊身衣的他們，以為是馬戲團出來宣傳的小丑。（攝影/林至柔修士）

紀守常神父

有「蘭嶼之父」尊稱的紀守常神父，是白冷會的傳奇人物，英年早逝的他至今仍讓人懷念不已，這張難得的照片，讓我們領教了原住民的風采，更讓我們有機會見到這將自己奉獻給上帝的神父明星般的神采。隨著知識普及，人們今日有更多、類似意識形態的思惟來解讀傳教士與修道人，就連醜聞也時有所聞。然而，若有機會穿越這些意識形態，直抵表象核心，我們就會發現：信仰最偉大寶藏，不是高深神哲學闡述的基督救恩道理，而是那發自內心深處，沒有算計、沒有遮掩的真誠人際關係。（白冷會提供）

賈斯德神父

賈斯德神父是白冷會之寶，精通布農族語，在他身上永遠可以感到生命的熱情。像所有白冷會士一樣，賈神父身上很多故事，其中一個教人心碎的故事來自臺北東門教會的盧俊義牧師。

盧牧師為文指出，當年他在臺東關山服務而有機會與賈神父結為好友。有年，臺北某個團體，捐來願意幫助原住民孩子就學的訊息，只要他們願意，可一路扶助他們到大學畢業。

盧牧師興奮地告知賈神父這大好消息，他曾聽賈神父提及，他山上的堂區有幾位亟需幫忙的孩子。

得知這大好消息後，賈神父連夜上山去找孩子們的家長，當賈神父回返，向盧牧師報告結果時，卻一句話都講不出來。他以顫抖的口吻哭著說：「盧牧師，那十個孩子，已經被賣掉九個了。」

魏主安神父

在參觀完錫神父的墓園後，我們回臺東市，白冷會的會院就在市區裡，緊臨在它旁邊的就是當年由他們興建的聖母醫院。然而去拜訪這兒前，有一個地方你不能錯過，那就是魏主安神父所服務的馬蘭天主堂。

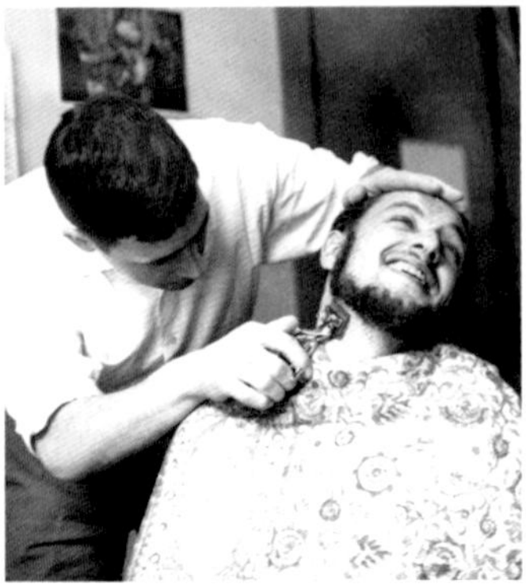

薛修士為賈神父理髮

看到這張攝於四十多年前的相片，我才領悟這群修道人，有過如你我一般的青春、壯年。我很敬佩白冷會士們以身作則，活出服務的精神，他們長年與弱勢為伍，卻從未發展出類似拉丁美洲以革命為手段的「解放神學」。我曾以為他們不關心政治，直到自己步入中年，才明白意識形態雖有激進速成效果，但唯有真情付出，才能日久天長，感化人靈。他們以身力行、卻不多解釋的信仰，應是這古老宗教最該發揚的精神。（白冷會提供）

賈斯德神父

賈神父的布農族語說得呱呱叫，為此，當學校推行母語教學，卻因語言斷層，而有勞這瑞士人到校教導布農族語。賈神父與他人在一起時，永遠將自己放在與別人一般位置，絕不會因為自己是神父而自覺高人一等。我們不可能從賈神父身上聽到類似基督愛人的大道理，然而從他的待人處事中，我們卻一直能體會到那稚真而濃厚的熱火。（攝影/林至柔修士）

你若星期天早上來參與這兒的彌撒，教堂裡不分族群的共融，會讓你印象深刻，若你有機會看到魏神父主持彌撒，就會知道他的教友為什麼那麼愛他。我有幸參與他所主持的婚禮彌撒，在雙方新人發誓願時，竟發現魏神父未按傳統禮儀行事，反而將自己的手，以聖披與新人的手緊緊纏在一起。原來他不只是婚禮的見證者，而是具體參與他們的生命，陪同他們度過人生每一個階段，在絕望逆境中，永遠鼓勵陪伴他們的長者。

施少偉醫師

聖母醫院的仁愛會修女們曾獲得無數次醫療奉獻獎，這幾年，聖母醫院的修女們凋零得非常快，就連在這服務的工作人員也鞠躬盡瘁，其中最令人扼腕、唏噓的是英年早逝的施少偉醫師（1959~2008）。生於菲律賓的施醫師，是當地華僑。施醫師三十九歲那年來到了臺東聖母醫院任骨科醫生，深受在此服務的外籍修道人感召，決定在此常駐。

二〇〇三年，聖母醫院面臨存亡之際，多家醫院以重金來挖施醫生，施醫師卻不為所動。

二〇〇六年施醫師被檢查出癌症末期，然而他仍堅守崗位，聖母醫院多次提名他醫療奉獻獎，全被他婉拒，堅稱自己的作為全然不及外籍傳教士的奉獻。施醫師的謙遜意外的讓聖母醫院拿下了第十八屆「團體醫療奉獻獎」。

魏主安神父

魏神父是位深受人喜愛與尊敬的神父，除了阿美族語，他的閩南語也說得非常道地。這位1963年就來到臺東的神父，從年輕小夥子，到今天成為眾人眼中的長老，與當地人的關係綿延了近四代人。魏神父很喜歡小米酒，幾年前，當他回瑞士服務期間，每當我來臺東會院，只要看見冰箱裡有小米酒，就知道，他又從瑞士「放假」回臺東了。（攝影/林至柔修士）

施醫師到逝世前一星期，仍在工作，二〇〇八年十一月二十四日，終抵不過病魔摧殘，與世長辭，成為長眠於海岸山脈的另一位外邦人。就像聖母醫院送別施醫師說的話：「少偉，這回你終於可以好好休息了！」

施少偉醫師壯年辭世，兩袖清風地留下了妻子和三個小孩。在臺灣醫療體系有這麼多問題的今日，一位將自己全然奉獻的醫生，能否為這方人的醫療教育帶來啟示？

臺東市的白冷會院

臺東的白冷會院，是座四合院的建築，當年由一位在日本服務的白冷會士設計，原有數十間房間的會院，今日只有歐修士與薛弘道修士常駐於此。

白冷會士在臺灣服務了一甲子，當年那群小夥子，不是已化成海岸山脈的泥土，就是已垂垂老矣。決定在這終老的會士們，幾年前也做了決定，有天當他們需要別人照顧時，為了不麻煩他人，將全數回返瑞士。話雖這麼說，當地的教友又怎捨得他們離去？

故事進入尾聲，我也不免自問，與我們沒有任何血緣的外邦人，能為這一方人鞠躬盡瘁到這種程度，我們的回饋又是什麼？

施少偉醫師

英年早逝的施醫生，成為長眠於海岸山脈的另一位外邦人，這位忍受自身病痛卻仍服務病人的醫生，在臺灣的醫療體系裡樹立了另一個教人敬仰的典範。（聖母醫院提供）

白冷會院一景

這張畫面頗有禪意，白冷會院的教堂外牆，和諧中有股深邃的靜謐。

臺東的白冷會院，當年由一位在日本服務的會士設計，這座緊鄰臺東聖母醫院的建築，是臺東一個漂亮地標，更具體點出白冷會在東部高峰時期面貌。會士已大多凋零的會院，難得再聽見人聲，但清雅幽靜的環境裡，仍可以讓浮動的人心安靜下來。歐修士照管下的白冷會院是座上主庭院，也是花木扶疏的伊甸園。

我是有信仰的人，更相信冥冥之中，天主一直在帶領我，寫這本書每回遇到瓶頸時，我總發現，祂早為我鋪好一條有待踏上的路。

為了採訪公東教堂的建築師達興登先生，我意外來到瑞士，更在白冷會位於茵夢湖（Immensee）的總部待了十天。

創立於一九二一年的白冷會凋零得非常快，就在那十天的駐留中，我就經歷了兩位會士的逝世。

薛弘道修士對我說，一九六八年他離開瑞士前，白冷會的墓園只有六座墳，而今整座墓園已快不敷使用。這片有大樹於其上的墓園簡直是世界奇景，由於是外方傳教修會，每座墳墓上都記載著會士們當年服務的國家地點，而其中讓我最震撼的是，那些長眠於他方的傳教士，在這，也都會有塊小紀念碑。

我找著了錫神父，和其他長眠在海岸山脈神父的紀念碑，內心澎湃不已。

西方心理學家總說，一個人如何死，端看他如何生。雖然會士們大多已不在人間，他們的精神卻在人間長存，帶給世人更積極的生命力量。

在臺東白冷會院的教堂裡，有一組感人肺腑的苦路群像，其中第十處，身揹十字架的基督，面容哀戚，好似信心全部潰散了一般。

有一個在基督身旁的人，抓著他的衣襟，彷彿在問他：

「老師，這一切值得嗎？它的意義在哪？」

疲憊不堪的基督已無力回答，我甚至覺得，只要祂一開口將會嚎啕大哭。

錫神父的紀念碑

未能返回瑞士家鄉安葬的會士，白冷會都會在墳地上置上一塊小紀念碑，紀念他們。這是錫質平神父的小紀念碑，這位在瑞士成長的神父，最後卻如種子般地深入異鄉土地，至死不渝，紀念碑上簡單的字句，點出了他們的謙遜精神。

白冷會總院位於瑞士茵夢湖，與著名風景區琉森相鄰。總有人為這群修道人離開風景如畫的家鄉，到貧窮異國遠方服務，甚至為與當地人融為一體，而降低自己生活水平，感到不可思議。科學昌明、物質豐厚的年代，宗教信仰快變成日常生活的點綴。人的歷史進程，就連宣揚真理的宗教，也犯過致命錯誤。然而只要其中幾位受這信仰感召，因而達成不朽使命，他們就像鬱暗中的明燈，讓人願暫放下成見，進而好奇，探究是什麼力量，讓他們無悔的奮力前行？

有人戲說白冷會是天主教會中的藍領階級，這團體不似某些修會以追求學術，以神、哲學界定神的地位。白冷會成立宗旨本就是為貧窮人服務，辦職工教育、建醫院、實際改善當地人的生活，是他們的首選。瑞士白冷會院門口，一個招牌顯示地球上有白冷會士的地方。仔細瞧來，他們真是離鄉背井的去到遙遠異國，為天主的子民服務。

瑞士白冷會的墓園

1925年才成立的白冷會，在悠久天主教會中是個年輕團體，然而這幾年卻凋零得很快，會院旁、小山丘上的墓園，已快被長眠於此的會士布滿。這些心懷基督理想的瑞士人，生前都曾到異國服務，對他們而言，人間的歲月只是個過程，越過死亡的門檻，不朽的生命才剛要開始。

IN
R.I.P.

然而，那無力又絕望的沉默裡，卻有個極大的救贖力量。那位被臨時抓來替基督揹十字架的外邦人，只因為基本的人道同情，都願意將十字架扛過來，減輕基督負擔，陪他走上一段路。

「海岸山脈的瑞士人」在追隨基督的人生道路上，為這化外之境，以自己的生命，寫出了最美的見證。

臺東白冷會院教堂裡的苦路，頗能引起我的共鳴，那抓住基督衣襟之人所質問的問題，是每個人內心最深的疑惑。實在界的人生從來不完美，為此，不少人隨著社會價值隨波逐流，也有人變得憤世嫉俗，但更有人忍受外人難以理解的寂寞，堅持信念，踽踽獨行，答覆莫名力量的召喚。

生命無解，但白冷會士在東部一甲子的深情，讓我們不得不承認，人終將腐朽，但卻能營造不朽精神。白冷會士真情奉獻的故事，也讓一個永遠在變化、摸索前路的世間，有了一個近似永恆的定力與方向。

瑞士白冷會總院庭院裡有條來自蘭嶼的船，具體點出這團體與臺灣東部的情緣。白冷會士大多心地單純，據說曾有會士批評，打臺灣運這麼一條船過來，得花多少錢？葛德神父不改幽默，認真地對抱怨的會士說，不貴的，那寄船的神父先將船從蘭嶼划到新加坡才用海運寄來。被他唬得一愣一愣的會士，日後竟信以為真地對前來參觀的人認真訴說這一段軼事。

《新約聖經》記載，基督的門徒大多是漁夫，他們賴以為生的小船，更如隱喻般出現在《聖經》的章節中。人生好比行船，實在界的生活恰如汪洋般的充滿未知與挑戰。

白冷會院中，這條來自蘭嶼的船，美得像一首詩，而它背後的白冷會士故事，在浩瀚的人生汪洋裡，恰如一則美麗信念，它除了能讓人在黑夜裡感到溫暖，更讓人有前進的方向與往深處划的勇氣。

後記

我第一次到臺東是一九七九年，大一升大二的暑假。

我的求學過程很不快樂，國中讀放牛班，高中讀私校，那麼討厭的學校竟讀了四年，高二下差點留級，我終於認命，如強暴自己般地硬將教科書內容塞進腦海。好不容易考上大學，第一年暑假，母親從有限的生活費中硬擠了一千多塊錢出來，供我與另一位同學結伴去環島旅行。

媽媽的大愛永生難忘，那一千多塊錢是媽媽一個月會錢，夠媽媽買好幾天菜。

這筆錢讓我第一次有機會走中橫，到花蓮，甚至到化外之境的臺東來。在臺東時，我們住在聖母醫院裡，從小看著我長大的天主教仁愛會蔡修女，彼時正在那裡服務，特別安排我們住進剛落成的外籍醫生宿舍。那時正值聖母醫院的全盛期，每天我都會去醫院，隔著玻璃窗，如瞧小動物般端詳那群新生兒。知道我們學藝術，修女特別帶我們到隔壁白冷會院，說那兒有位愛爬山的歐修士，一位會蓋房子的傅修士，還有一位近乎天才，會烤麵包、做大餐、蠟燭，甚至會拍照的林修士。

我對林修士的初次印象很糟。仍記得那天，他紮著圍裙從廚房出來，以洋涇濱閩南語問我們在這幹嘛？即使得知是蔡修女帶我們來看照片，也未改變他的態度，他很慎重地叮嚀，如果要買照片，記得要丟錢入錢筒，若同樣照片只剩最後一張，不可買走！他好再加洗。那回我們沒嚐到他的大餐，連麵包也沒吃到就悻悻然離去。

再次拜訪白冷會已是相隔十三年的一九九二年春日，那兩年我正從事一項有關傳教士的攝影專題，我的白冷會士照片大多攝自那次短暫停留。那回，我與熱愛大自然的歐修士雖有些交集，但未能深談。

此後，我未再到臺東，生活空間甚至移往國外，彼時我最想念的不是這裡，而是拍過無數回的澎湖。

去國多年後，二〇〇四年，我應天主教某單位來拍一組以原住民為題的月曆。由於時間有限，只能在臺東停留一夜，傍晚，在太麻里天主堂拍完照後，我詢問當地教友白冷會士近況。他們如數家珍地為我一一報上，在問到歐修士時，一位熱心的女士竟以手機為我聯絡上他。

「喂！我是歐修士，請問是哪位？」一時間，我不知如何回答。

「修士啊！我不知道怎麼介紹自己……這麼久沒聯絡，我已經不好意思說我是你的朋友。」

「給我一些提示吧！」修士為我找臺階下。

「你記不記得有位會攝影的朋友？」我試探地問。

「是Nikolaus嗎？這麼多年，你人都去哪了？」

我與歐修士及白冷會就此搭上線，爾後，每當有機會返臺，我一定從百忙中脫身，到這小住。在歐修士帶領下，我終於有機會深入臺東的自然風光，然而我對白冷會當年在東部的所作所為，仍是一無所知。彼時，曾接生東部無數新生兒的聖母醫院隨著出生率下降，日趨沒落。全盛時期曾有四十多位會士居住的白冷會院，這時人數也寥寥可數，只餘兩、三人長駐於此。

在白冷會院，我總愛去翻閱林修士數十本快霉壞的相簿。我很難過，有一天竟得從這幾萬張照片中尋找臺灣的記憶。我不只一次對歐修士說，這批資產再不搶救，終要成灰。

修道人對人間事的執著，不比常人，這批影像一直到幾年前，林修士告老還鄉前，才被數位化，然而人手不足，仍有大批影像無法被掃描。

在國外，隔著一段距離，較容易不帶情緒地體會故鄉、自身成長環境的特殊與可愛，然而臺灣過去十幾年，滿是意識形態的政爭內耗，與跟著起鬨的媒體，讓一個社會如著魔般地浮躁不安。

就在最窒悶的那幾年，每到臺東白冷會院，總讓我如避難般得到安慰與喘息，在這，我除了能將實在界與所有不關己的媒體訊息鎖在門外，漂亮的東部山水，更如新鮮空氣般提供我大量能量。享受生命之時，最令我更感嘆的是，我那群受高等教育的朋友，彼時只要在一起，就近乎不理性且互不相讓地打政治口水戰。為此，我極力邀請他們前來臺東接受大自然洗禮，看山、看海，看看白冷會，給自己放鬆與另類思考的機會，他們卻總以各種理由搪塞，還譏我不關心世事，不食人間煙火。

多次邀請受挫後，我逐漸發現經濟壓力不是那麼沉重的他們，白天除了工作，想辦法多賺錢，晚上無聊就看電視、談八卦。我終於明白，原來除了按世俗價值過日子，他們早沒有自我，只要獨處，就如退癮般的不知所措。只好藉東家長、西家短的視聽媒體來麻痹自己。

雖為教徒，我卻從不喜如先知般的四處宣揚危機，更不好為人師。然而多次前來白冷會，我漸漸了解已故會士，當年在這做了什麼。順著他們的足跡，我愈來愈體會他們精神的可貴，也益發覺得，在人心被政爭、媒體甚至教改搞到如此空洞，沒有方向，白冷會士默默在東部服務的故事，會是臺灣此刻最需要的人文指標。

二〇〇六年，我在東河鄉小馬天主堂後方，第一次看見了紀守常神父和其他白冷會士的墳塋，我深受震撼；原來他們連身後都要求葬在這塊土地上，諷刺的是，這些會說好幾種本地語言，早與當地人打成一片的外邦人，生前從沒有說過一句肉麻、類似「愛臺灣」的話，就連歐修士，都已默默在東部種了很多已長成森林的樹苗。

當下，我立志寫出他們的故事。

二〇〇八年夏天，終於出版了以白冷會士為題的《海岸山脈的瑞士人》。為了誠實書寫他們，我先將自己交出，書中卷二「翼下之風」，我寫了不足為外人道的自身成長軌跡。書一出版，我怕被八卦化，連行銷也不願做就急速返美，甚至不想再回來。

但天主總有安排，幾年擺盪，我竟回頭，再寫了這本與白冷會有關的《公東的教堂》我甚至還因此去到了白冷會在瑞士的總院，也對這團體有更深的了解。

白冷會就像天主教其他宗教團體，這幾年除了急速凋零，也不再有新血。不似傳統教徒，我從不擔心是否仍有人想從事神職工作，但如何在我們生命裡發揮這群修道人當年的精神，卻是我在意的。

這份關心，與宣教無關，而是我真的相信，這種心中有天、地、人的精神可以讓我們生活得更自由、更充實飽滿。基督勉勵人要做世上的鹽，桌上的燈，不是誡命，更不是教條，而是鼓勵每一個人活出自我價值。犧牲、奉獻，只是這精神表象詮釋，「愛人如己」可能還較貼切。

走筆至此，不禁感嘆，我們的傳統文化早有這樣的特質，甚至比世界任何國家還要久遠。如果我們真懂得寶貝它，我相信這社會不會那麼輕易受到惡質政客與低俗媒體的操弄與消耗。

就以當年被操弄到不堪的省籍議題為例：

多年前，每回拜訪臺南陳志良學長時，學長的母親不管我是否剛吃過飯，總會要我學長帶我這閩南語極爛的小孩（在她眼裡我永遠是小孩）去吃東西。有年，陳媽媽中風後不久，她仍單手、吃力地以彎曲的手指打開錢包，掏出錢來，以臺南特有的優雅閩南語，囑咐我學長：「焉小五去沙卡力吧[8]食東西。」

「將別人的爸媽視作自己父母般尊敬」、「將人家的孩子當作自己孩子寶貝疼愛」僅為普通常識。陳媽媽雖過世多年，卻依然讓我懷念與尊敬。

寫到此，我不免思考這精神，具體來說是什麼？一件微不足道的小事，浮出我腦

8. 臺南昔日最著名的小吃集散地。

海：

多年前，仍在臺定居的某一天，我陪媽媽去臺大醫院看病，在我們拿完藥，從臺大醫院後門出來時，一對從中南部上來的老夫婦，以閩南語問我，要去看病的科別如何走。由於乾姊在臺大醫院服務，我對這迷宮般的醫院倒是很熟悉。

我的臺語太爛，再加上來看病的老先生虛弱到不行，根本走不過去。我請媽媽幫我拿包，經過老夫婦同意後，我將老先生揹在身上，一路走到要看病的科別。媽媽忍著不適，一路挽著言語不通的老太太，隨後跟著。回家路上，媽媽好高興地一直將我挽得很緊，感覺上，那好像比我後來在世界各地舉行風光攝影展、出了幾十本書還要得意。

母親雖然逝世多年，我仍祈求她賜我永保這顆敏感的心靈。

這本書，讓我更認識白冷會與他們的精神，藉著故事書寫，我也有機會重新省視自身的成長。

我的父母在一九四九年，一無所有地自彼岸來到臺灣，我出生臺南新化，從小在臺南長大，臺南與嘉南平原的風土人情，給我豐厚的生命養分，也讓我以身為臺南子弟為榮。

然而，我仍為生活依然充斥著意識形態的爭鬥與日趨低級的媒體感到可惜。

小時候雖然窮，雖有白色恐怖及剝削人權的戒嚴，終究沒有像對岸百姓普遍經過飢荒、鬥爭，這樣傷害人性深處的慘事。臺灣的安定不要說在其他國家，就在中國歷史上也屬少見。父母親那代人傾畢生之力，只為讓我們過得更好，當臺灣有全球比例最高志工群時，我們早有條件進一步創造與享受優質生活，活出人的價值。實在不用忍受不負責、沒有仁愛的媒體與政客。

一座快被人遺忘的美麗教堂，都能寫出一本書來，我們的生活周遭，還有多少被視作理所當然、卻被忽略的人事物？

身為臺南子弟，每回，我在滄海桑田的臺南鹿耳門海邊，想像數百年前，國姓爺集結船隊在這向媽祖娘祈禱，求她顯能，助他這孤臣孽子收復臺灣。暗夜，退潮海水瞬間漲了六丈高的傳說，仍會讓我起雞皮疙瘩。

你有多久沒看過山，看過海了？你是不是成天擔心孩子學業跟不上別人，自己的才識、成就不及他人？財富也不比別人多？房子比別人小，整日為不安全感所驅使？到東部來吧，我相信這兒的風景與白冷會士的故事，會給你很多生命靈感。你會發現，不論有錢、沒錢，社會地位高或低，後山的太陽依舊為你照耀，碧藍的大海依然對你呼喚。這社會裡有很多需要你獻身的事，有更多需要你幫忙與愛心的人。

「公東的教堂」是座美麗的建築，它為我們謙虛地保留了一個時代的記憶。幻想那位與我們全然沒有血緣的外邦人，當年就是用爬的，都要到這給學生做彌撒，闡述基督愛人、救恩的道理。

若我們懂得珍惜，讓這道理潛移默化我們，我相信它會帶給我們生命的能量，與

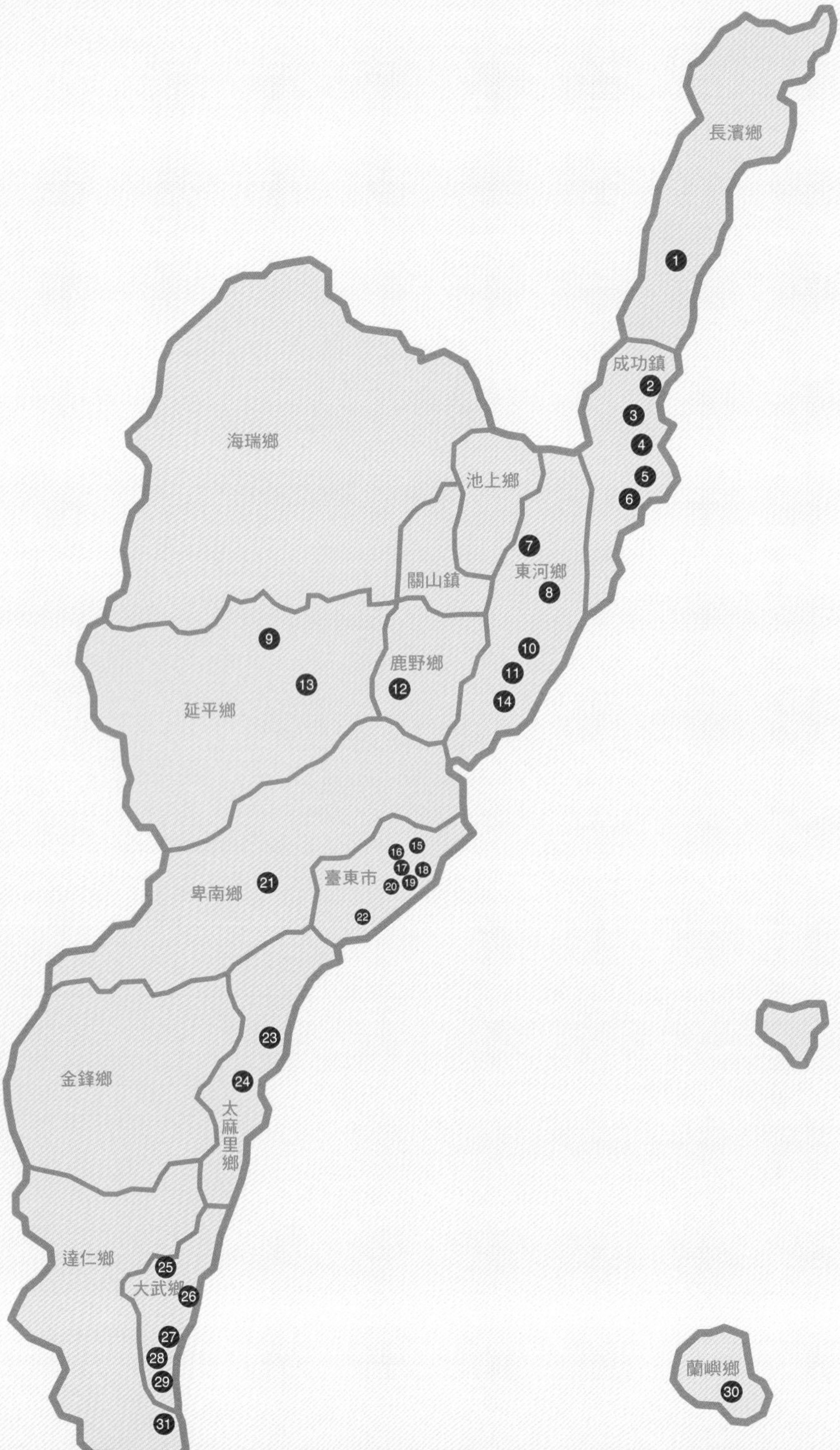
長濱鄉
成功鎮
海瑞鄉
池上鄉
東河鄉
關山鎮
鹿野鄉
延平鄉
卑南鄉
臺東市
金鋒鄉
太麻里鄉
達仁鄉
大武鄉
蘭嶼鄉
1
2
3
4
5
6
7
8
9
10
11
12
13
14
15
16
17
18
19
20
21
22
23
24
25
26
27
28
29
30
31

東海岸白冷會服務的教堂

1. 長光天主堂　地址：臺東縣長濱鄉長光24鄰105-1號　電話：0912-014-981
2. 宜灣天主堂(和平之后堂)　地址：臺東縣成功鎮宜灣路108號　電話：089-871-100
3. 天主教十字架修女會　地址：臺東縣成功鎮光復路31號　電話：089-851-538
4. 成功天主堂　地址：臺東縣成功鎮忠仁里中華路150號　電話：089-852-190
5. 都歷天主堂　地址：臺東縣成功鎮信義里都歷路158號　電話：089-896-511
6. 小馬天主堂(聖尼克老院)　地址：臺東縣成功鎮信義里小馬路10號　電話：089-353-547
7. 泰源村天主堂(小德蘭堂)　地址：臺東縣東河鄉泰源村本部落251號　電話：089-891-594
8. 東河天主堂(聖嘉俾額爾堂)　地址：臺東縣東河鄉東河南村384號　電話：089-896-133
9. 桃源天主堂　地址：臺東縣延平鄉桃源村昇平路165號　電話：089-561-094
10. 隆昌天主堂　地址：臺東縣東河鄉隆昌村7鄰83號　電話：089-531-468
11. 興昌天主堂　地址：臺東縣東河鄉興昌村12鄰90號　電話：089-531-468
12. 永安天主堂　地址：臺東縣鹿野鄉永安路75號　電話：089 931722
13. 鸞山天主堂　地址：臺東縣延平鄉鸞山村2鄰鸞山路37號
14. 都蘭天主堂(耶穌君王堂)　地址：臺東縣東河鄉都蘭村都蘭302號　電話：089-531-441
15. 寶桑路天主堂(宗徒之后堂)　地址：臺東縣臺東市寶桑路399巷3號　電話：089-330-449
16. 馬蘭天主堂(聖若瑟堂)　地址：臺東縣臺東市更生路474巷15號　電話：089-322-984
17. 臺東聖母醫院　地址：臺東縣臺東市杭州街2號　電話：089-322-833
18. 臺東基督教長老教會　地址：臺東縣臺東市廣東路329號　電話：089-328-030
19. 白冷外方傳教會會院　地址：臺東縣臺東市杭州街34號　電話：089-323-026
20. 救星教養院　地址：臺東縣臺東市山西路一段207號　電話：089-359-060/089-359-284
21. 東興(大南) 天主堂　地址：臺東縣卑南鄉東園一街130號　電話：089-512-712
22. 知本天主堂(聖母無原罪堂)　地址：臺東縣臺東市知本路三段331巷15號　電話：089-512-712
23. 太麻里天主堂(聖加祿堂)　地址：臺東縣太麻里鄉太麻里街466號　電話：089-781-291
24. 金崙天主堂(聖若瑟堂)　地址：臺東縣太麻里鄉金崙村354號　電話：089-771-147
25. 大鳥天主堂　地址：臺東縣大武鄉大鳥村大鳥58號　電話：0913-549-978
26. 大武鄉天主堂(聖母堂)　地址：臺東縣大武鄉大武村大武街18號　電話：089-791-277
27. 尚武天主堂　地址：臺東縣大武鄉大武村政通路31號　電話：0910-557-547
28. 聖十字架慈愛修女會(尚武院會)　地址：臺東縣大武鄉大武村政通路33號　電話：089-797-465
29. 南興天主堂　地址：臺東縣大武鄉南興村53號　電話：089-702-096
30. 紅頭聖若望天主堂　地址：臺東縣蘭嶼紅頭村150號　電話：089-731-649
31. 土坂天主堂　地址：臺東縣達仁鄉土坂村　電話：0963-118-496

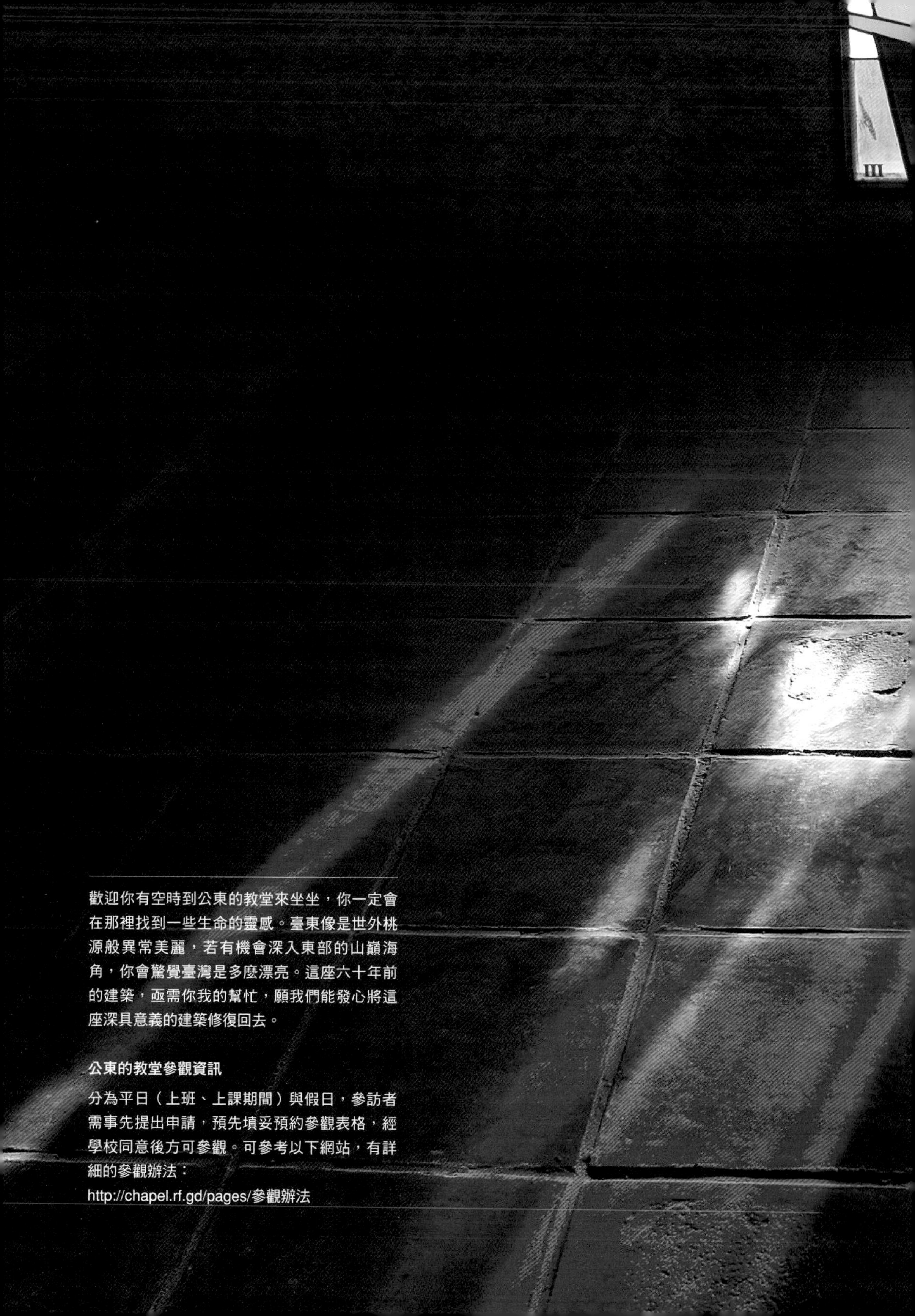

歡迎你有空時到公東的教堂來坐坐，你一定會在那裡找到一些生命的靈感。臺東像是世外桃源般異常美麗，若有機會深入東部的山巔海角，你會驚覺臺灣是多麼漂亮。這座六十年前的建築，亟需你我的幫忙，願我們能發心將這座深具意義的建築修復回去。

公東的教堂參觀資訊

分為平日（上班、上課期間）與假日，參訪者需事先提出申請，預先填妥預約參觀表格，經學校同意後方可參觀。可參考以下網站，有詳細的參觀辦法：
http://chapel.rf.gd/pages/參觀辦法

學建築的兒子曾經奔波於花東縱谷，記錄沿線的教堂，所以有了些輪廓。秋末，去了一趟臺東，在省十一道沿途欣賞姿態不一的教堂，與友人談著這事，他說我應該去瞧瞧公東的教堂，他沒多說理由，只說值得。得讀毅舜的細論妙文，我全然理得他的感動震懾和醉心美感。

——王浩一．作家

「公東教堂」的基督是那麼的原始、抽象，卻又如此的現代及前衛；祂超越種族，不但是信望愛的化身，更代表了基督為世人受難、贖罪後的復活與喜悅。

請以謙卑、感恩、順從、敬仰的朝聖心情來觀賞公東教堂；靜默地爬上樓梯、進入教堂後，不需急著拍照，請先默默地坐在角落、靜心冥想，並細細回味作者范毅舜在本書中動人真誠的文采。

您不但會看到「光影」的對話、「色彩」的萬千，更能感受「空間」對人的靈性啟發，及體悟到「時間」才是篩選鑽石與玻璃的最終手法。

這時，不禁又想起本書作者范毅舜先生最在意的：「如何在我們的生命裡，發揮這群修道人當年的精神。」

——**朱平・肯夢創辦人、新臺東人、生意人、悅日人、漣漪人**

對於夢想，用嘴巴說說很容易，但是願為它投入生命般的代價，就很困難了。行有餘力地去實踐理想也不難，但是當面對巨大壓力仍能堅持到底，就難能可貴了！在臺灣的後山，這個幾乎被人遺忘的地方，有一群人為了來自內心深處的信念，以源自生命的熱情在努力著。因為他們，讓我們相信世界依舊美好。

——**李偉文・牙醫師、作家**

《公東的教堂》之內容有我走過的歲月，個人就是在康樂培質院（專收東商、東農學生）裡接受過神父的身教、言教。也曾陪神父在鹿野鄉和平村天主堂傳教，度過了一個漫長的暑假。神父一度欲安排我到瑞士，學成歸國後再回公東當校長。看樣子我這一生可能無法滿足神父的願望了，但能成為公東之友，也已心滿意足。

——**李復興・教廷爵士、風雅頌文藝基金會董事長**

一九六〇年由天主教白冷會錫質平神父創校的公東高工，與由傅義修士引領設計的天主堂系列建築，向我們顯現出他們對教育、建築與信仰的堅持，以及作為專業者的認真與執著態度。而他們長年不懈對臺灣的付出精神，更是值得我們最誠摯的感謝與致意。

——阮慶岳・建築師、小說家

有次跟小五在臺南老街閒逛，他突然停下來說：這是拍照的好主題。看來不過尋常之處，小五卻有其獨特眼光。而讀《公東的教堂》數度掩卷，讓我重新檢視自己、質問自己：我給學生的能稱做是教育嗎？——進入教堂時讓人懺悔且省思；本書亦是。

——何興中・臺南一中物理教師

想要完整而優美地講述這樣一個關於信仰和愛的故事，必須有一支文學家的筆，一雙攝影家的眼，以及一顆修行者的心。展讀本書，有如見證奇蹟。

——吳繼文・小說家

一九六六年在公東高工三年的洗禮，影響深遠，畢生以身為公東校友為榮。一九九七年七月，與兩位公東年輕人到錫神父故鄉瑞士St. Gallen參加國際技能競賽，遭遇困難，當日在夢裡與錫神父交會，隔天，兩位年輕人竟分別獲得金牌獎。感念錫神父無私的愛與奉獻，真誠推薦《公東的教堂》。

——侯世光・中國科技大學室內設計系教授

白冷外方傳教會的神父們，隨著一九五三年錫質平神父的到來開始，神父們將後半生的歲月奉獻給偏遠的臺東，融入當地，創辦公東高工，這群來自異鄉的神父們在臺灣撒下愛的種籽，突破語言的障礙，其大愛無私的服務精神感動你我。作者以建築攝影的角度，深入報導並記錄下來這些歷史照片，值得閱讀。在臺灣有許多這樣來自異鄉的人，在臺灣這塊土地上展現大愛，如馬階、羅慧夫等在醫療領域，為臺灣做出許多的貢獻，值得我們敬佩！

——施振榮・宏碁集團創辦人、智融文教基金會董事長

我是白冷會神父付洗的，本書裡大部分的老神父我都熟悉。一九八六年我親訪白冷會瑞士茵夢湖畔的總會院，拜望埋在那裡的老神父們。他們創立的公東高工，在我看來，是臺灣唯一曾體現技職教育精神的學校，是白冷會獻給臺東那些偏遠、平凡且貧窮的孩子們的禮物。

——孫大川・臺灣文學研究所兼任副教授

閱讀著《公東的教堂》一書，內心隨著作者范毅舜細膩的文字與精采的影像跌宕起伏，思緒也未曾止歇。那不只是一棟建築的歷史，也不只是一篇感動人心的故事，那是一個價值的撞擊，那更是一個靈魂救贖的契機。時空的穿越，撞擊著內心，關於存在、關於美感，也關於活著。我們究竟在乎什麼？又丟失了什麼？心裡頭不斷地反思著，公東教堂的光影悄悄地照進了心坎，那一刻宛如佇立在錫神父門扉之前，聽見了他的叮嚀：「現在是我們的寶藏。」頻頻頷首，是感動，也是為了掩飾眼角不斷滲出的淚水。那一刻稍稍體悟到內心關於柔軟也關於堅硬的質地。難以言喻的感謝在嘴角上揚的剎那，彷彿一切都以具足，心，暖暖的。

——**陳立倫．高雄中學專任輔導教師**

一粒麥子不落在地裡死了，仍舊是一粒；若是死了，就結出許多籽粒來（約12：24）。書中的主角們雖然處於人生的黃金期，也受到大家的歡迎，但寧可像一粒麥子，落在地裡死了，好為著真理與生命結出許多籽粒來。看山水看公東看著生命的聽說讀寫，喜悅滿懷。有幸能先與本書相知相惜，感恩！

——**張添唐．臺南一中校長**

《海岸山脈的瑞士人》是臺灣二〇〇八年出版的最好的一本書，也是感人至深的一本書。作者范毅舜在書中記載白冷會修士對臺灣的愛，與對臺東的奉獻。甚至以埋骨東海岸來認同臺灣土地。《公東的教堂》是范毅舜在二〇一三年繼續的寫作，這一本書敘述了白冷會修士設立「公東高工」，引進瑞士技職制度教育後山子弟的故事。

值得提的佐證是，在二〇一二年國際發明展中，公東高工有優異的表現。總計在義大利、莫斯科、馬來西亞的國際發明展，拿下六金五銀六銅的傲人成績。

「公東教堂」是四層樓的清水模建築，簡潔靈逸的建築韻味領先時代潮流達三十年，教堂設置在頂層，其餘樓層為高工學生的實習教室與宿舍。這棟建築投射著基督的愛，與修士的苦心經營，建築背後有許多細膩故事，且聽半生沉浸西洋美術、建築、攝影的作者范毅舜娓娓道來……

——童子賢，和碩聯合科技股份有限公司董事長

感念錫神父對公東高工無私無悔的大愛，讓一群又一群出身在貧瘠地區的小孩，得以有機會靠著傲人的技能，達成人生的夢想。公東高工的聖堂，有我年少輕狂的回憶，也是我對錫神父永遠的記憶，更是讓世人得以緬懷這位海岸山脈的瑞士人最美的一頁！

——黃秋永．毅嘉科技董事長

每當閱讀《公東的教堂》時，心中便一陣哽咽而熱淚奪眶而出，對錫神父的感念一股腦地填塞於我的思緒中。當年以第一志願考入公東木工科，只求學習一技之長，往後有機會改善家境，因畢業被留校當導工，至今投入木工教育已三十一年了，我親身體驗及見證了此種教育的能量，更以此種教育方式培育了更多優秀的產業技術人員。

——黃俊傑．屏科大木材科學與設計系副教授、
臺南家具產業博物館兩岸魯班學堂堂長

公東高工影響我一生。由於白冷會的栽培，在瑞士、德國學習木工技術與技術教育。為發揚白冷會修道人無私奉獻與愛的精神，退休後繼續在原鄉傳授木工技藝，協助就業，改善生活。這本書是每一個教育工作者應該閱讀的書。

——黃清泰．公東高工校長（任期一九六五～六九）

閱讀《公東的教堂》這本書，彷彿走過了時光隧道，特別對我這個在臺東成長的孩子，不但親身體驗過錫神父的愛心引導，也經驗過公東高工建設的過程。腦海中呈現的是當年聳立在空曠稻田中，公東高工唯一的教堂兼教室的建築，卻不知道那是一棟多麼令人讚賞的特殊藝術創作。這本傳記式的著作令我感動。

——歐晉德．天主教善牧基金會董事長

這是一本很具人文思想的好書，非常值得從事教育工作者一讀，是從事職能教育者，更是教育界官員必讀的書。作者也讓我們看到建築設計，不僅是在講究藝術的美，更是從建築設計中看到心靈生命的活力。看這本書，會讓我們重新來思考生命的意義是什麼？我們究竟要留下來什麼生命遺產給下一代？

——盧俊義．臺灣長老教會退休牧師、民視「臺灣學堂—這些人 這些事」主講者

這本書所記錄的歲月，正是我求學、開始擔任公職的年代，當時臺灣的環境雖然艱困，但是透過教育，每個人都可以改變現狀。地處偏遠的公東高工正是最佳的教育典範，不僅幫助臺東的孩子脫離貧窮，這些孩子更打造臺灣成為家具王國，而這一切的源頭，竟是一群來自瑞士的傳道人無私的愛與奉獻，他們的故事，穿透人心。我推薦大家閱讀這本書，感動之餘，可以讓我們省思自己，生出力量，找到再出發的勇氣。

——**蕭萬長・前副總統**

錫神父和公東的故事是說不清也說不完的。《公東的教堂》這本書深刻描繪六十年前來臺東的錫神父，開始了白冷會「與臺東近半世紀的深情交會」的故事。珍藏這本書，將讓你「與錫神父永遠的深情交會」。

——**簡安祥・建築師、公東高工校長（任期一九八〇～八七年）**

一塊巧克力、一座教堂……一群來自歐洲白冷會的瑞士人，選擇臺灣的東海岸做為他們的「家」。當年他們在給母親的信上寫著：「想念著家鄉的巧克力配咖啡，但教會經費短缺……」在艱困中這群人依然在此建教堂、醫院、啟智中心、甚至辦學——公東高工，留給東部的臺灣無限的可能。

創辦人錫質平神父以歐式學徒教育造福無數的東部學子。他的身教、言教，深深影響每一位與之共事的人。今日讀此書，內心仍深受感動與衝擊……謹此推薦。

——**簡靜惠・洪建全教育文化基金會董事長**

這是一位攝影師對臺灣一九六〇年代重要的現代建築之一「公東高工」最專注的凝視，與最接近宗教的情境感知。范毅舜以攝影機和文字來面對物質卻審視精神，讓我們在五十年後的今日仍能回望這個偉大的建築沒有改變、沒有退讓，繼續站在這個時代等著我們。

——**龔書章・交通大學建築研究所專任教授**

【盛情推薦】

林懷民　雲門舞集創辦人

唐秋鈴　崇友文教基金會執行長

聖堂
Chapel

跋

《公東的教堂》始自這棟建築頂端、如工廠般白門被啟開後的剎那。之前，隱藏在東部一隅的教堂只在專業建築愛好
流傳。

與建築相較，我更喜歡它背後的人與事。就像昔日的公東人，每當我往東部來或回西部時，總會向長眠在大武南興村
的錫神父打招呼，也更會往東河的小馬天主堂向長眠在那的白冷會士致意。對我而言他們已成為這兒的守護神，雖不會
能，顯奇蹟，但他們那份至死不渝的愛除了能影響人靈，更迴盪在海岸山脈的各個角落。二〇二二年《公東的教堂》初
仍有六位白冷會士在東部服務。當「十年暢銷紀念版」發行時，卻只剩兩位會士了。在高雄桃源鄉服務多年的賈斯德神父
高雄小港服務的于惠霖神父於近年相繼過世。二〇二二年初，外號老道的薛弘道修士在瑞士過世，一個多月後，年邁的
神父也悄悄地於台東聖母醫院病逝。隨著葛德神父的告老還鄉，白冷會在東部的一切終將成落幕。然而這座公東校園內
堂，卻永遠為我們保留他們克己愛人、犧牲奉獻的美麗故事及事蹟。

CM00102

公東的教堂

海岸山脈的一頁教育傳奇

The Chapel of Kung-Tung:

An Education Legend in the Coastal Range of Taiwan

十周年熱銷紀念版

文字・攝影／范毅舜
資深主編／謝鑫佑
校對／謝鑫佑、范毅舜
行銷企劃／陳玟利
封面暨內頁視覺設計／楊啟巽工作室
董事長／趙政岷
出版者／時報文化出版企業股份有限公司
一〇八〇三台北市和平西路三段二四〇號四樓
發行專線／（〇二）二三〇六六八四二
讀者服務專線／〇八〇〇二三一七〇五
（〇二）二三〇四七一〇三
讀者服務傳真／（〇二）二三〇四六八五八
郵撥／一九三四四七二四時報文化出版公司
信箱／一〇八九九台北華江橋郵局第九九信箱
時報悅讀網／http://www.readingtimes.com.tw
文化線粉專／https://www.facebook.com/culturalcastle/
法律顧問／理律法律事務所 陳長文律師、李念祖律師
印刷／上晴彩色印刷製版有限公司
三版一刷／二〇二二年三月廿五日
定價／新台幣五五〇元
（缺頁或破損的書，請寄回更換）
ISBN 978-626-335-048-9
Printed in Taiwan

時報文化出版公司成立於一九七五年，
一九九九年股票上櫃公開發行，二〇〇八年脫離中時集團非屬旺中，
以「尊重智慧與創意的文化事業」為信念。

公東的教堂：海岸山脈的一頁教育傳奇 = The chapel of Kung-Tung: an education legend in the coastal range of Taiwan/ 范毅舜著. -- 三版. -- 臺北市：時報文化出版企業股份有限公司, 2022.03 面； 公分
ISBN 978-626-335-048-9(平裝)
1.CST: 臺東縣公東高級工業職業學校 2.CST: 天主教
528.8833/139 111001658

The Chapel of Kung-Tung:

An Education Legend in the Coastal Range of Taiwan

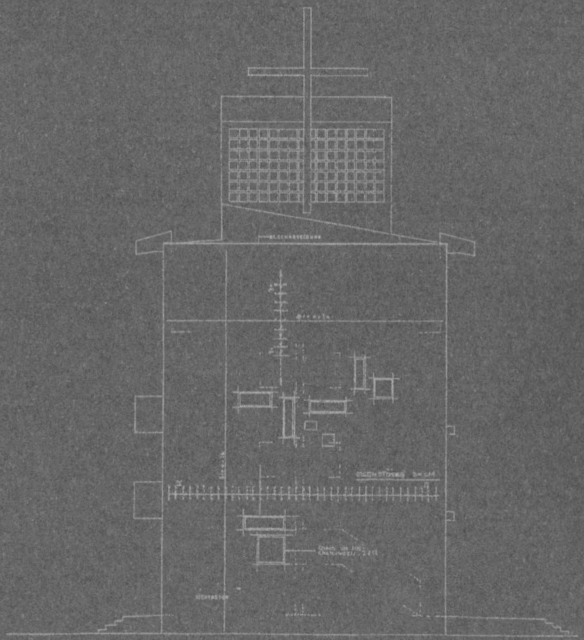

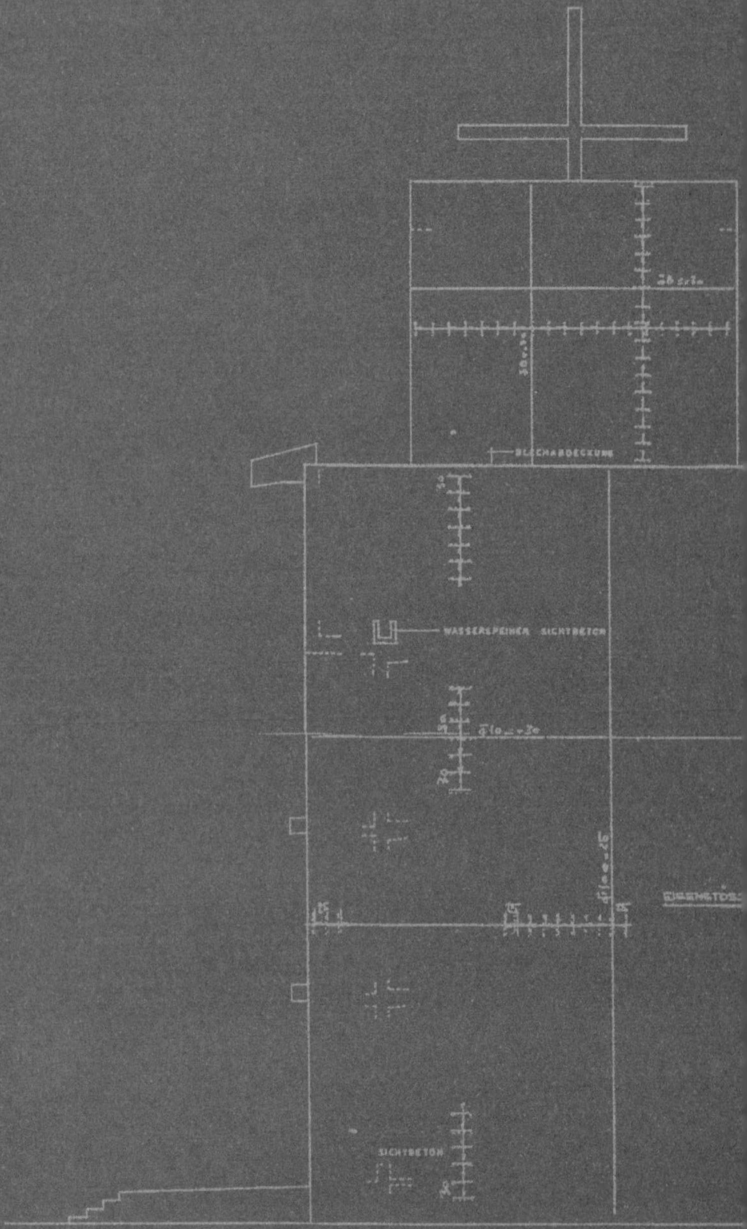

TAITUNG
FORMOSA

PL. NO. 3/6 MB
ZÜRICH, 17 JULI 58

WERKGEBÄUDE
MIT KAPELLE

The
Chapel of
Kung-Tung:

An Education Legend
in the
Coastal Range of
Taiwan

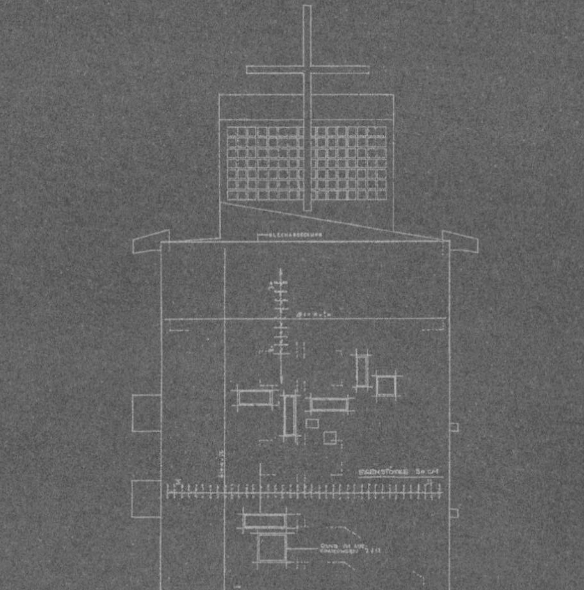

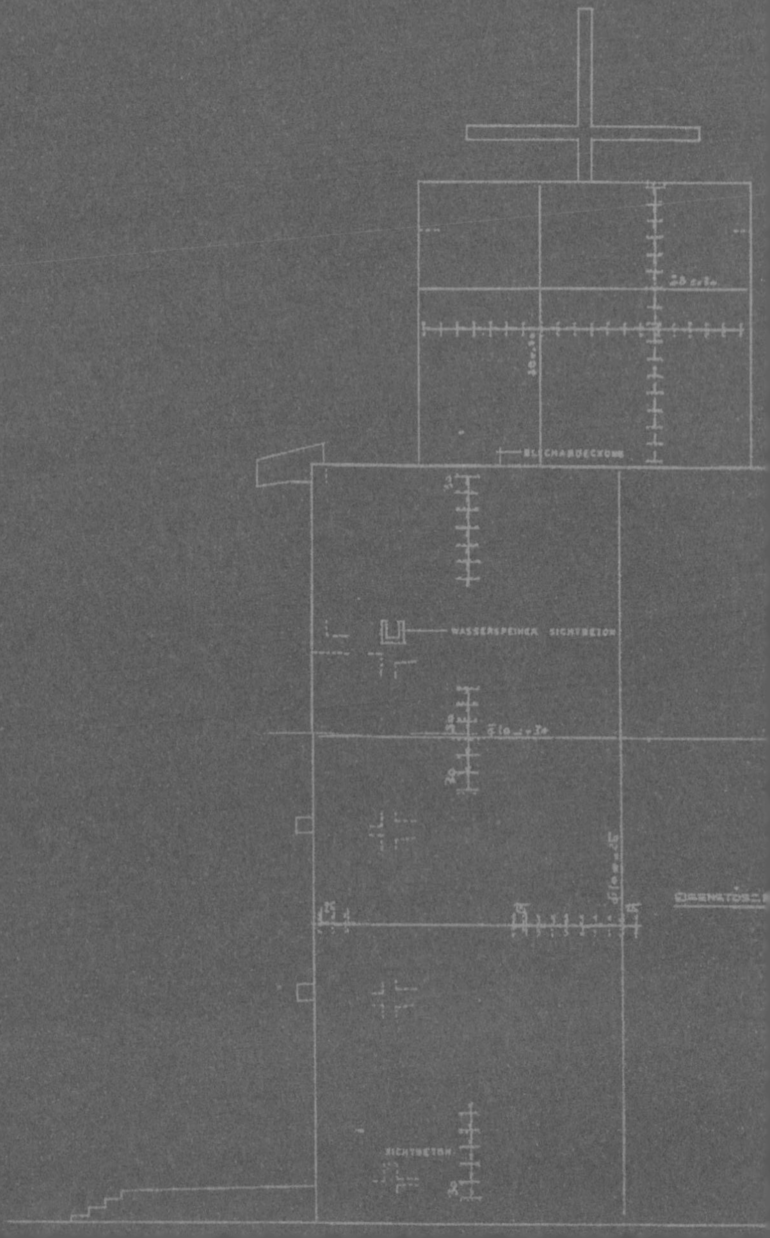

TAITUNG
FORMOSA

PL. NO. 2/6 NB
ZÜRICH, 17 JULI 60.

WERKGEBÄUDE
MIT KAPELLE